U1003810

That's Not How We Do It Here!

A Story about How Organizations Rise and Fall-and Can Rise Again

好团队激活个人

猫融教你如何带团队

〔美〕 约翰·科特 John Kotter 霍尔格·拉斯格博 Holger Rathgeber ◎著

吴忠岫◎译

长江出版传媒 | 湖北教育出版社

（鄂）新登字02号

图书在版编目（CIP）数据

好团队激活个人：猫鼬教你如何带团队 / (美) 约翰·科特著；吴忠岫译.

—武汉：湖北教育出版社，2017.3

ISBN 978-7-5564-1522-9

Ⅰ.①好…

Ⅱ.①约… ②吴…

Ⅲ.①企业管理－组织管理学

Ⅳ.①F272.9

中国版本图书馆CIP数据核字（2017）第054338号

著作权合同登记号：17-2017-071
All rights reserved including the right of reproduction in whole or in part in any form.
This edition published by arrangement with the Portfolio, an imprint of Penguin Publishing Group, a division of Penguin Random House LLC.

出版发行	湖北教育出版社
邮政编码	430070　　电　话　027-83617853
地　　址	武汉市洪山区雄楚大道268号
网　　址	http://www.hbedup.com
经　　销	新　华　书　店
印　　刷	北京中科印刷有限公司
地　　址	北京市通州区宋庄工业区一号楼101号
开　　本	787mm×1092mm　1/32
印　　张	6
字　　数	65千字
版　　次	2017年4月第1版
印　　次	2017年4月第1次印刷
书　　号	ISBN 978-7-5564-1522-9
定　　价	48.00元

如印刷、装订影响阅读，承印厂为你调换

马特的烦恼

突然间秃鹫从食腐动物变成了猎杀者，这一现象令大家百思不得其解。谁也不知道这究竟是怎么回事。这些令人望而生畏、使人毛骨悚然的致命生物很可能就是导致马特部落衰败的终极一击。

马特是一只猫鼬——猫鼬是生活在非洲大陆上的一种动物，是那种让人类觉得可爱而喜欢关注的小动物。跟所有其他猫鼬一样——马特也拥有自己独有的个性与技能。生活中他总有些腼腆，不过一旦有了自己的主意后就变得有点寸步不让的意思了。不过天生的忠诚感、柔和的笑容以及对大家的求助有求必应的一身技能使得他很受大家器重。在过去，他通常生活得很惬意，而且生活也待他不薄。

不过，当时……

因为雨水似乎凭空消失了，他所在的那个毛茸茸的小动物部落再也无法为所有成员找到足够填饱肚子的食物。终于有一天马特比平常少吃了些，省下点口粮好让老弱病残多吃一口。不过这种努力对于当前面临的食物问题来说几乎是杯水车薪，无济于事。天敌数量增加到了——这么说吧，增加到了马特活了这么多年也没见过的程度。有些猫鼬说，发生的这一切都是有联系的。雨水减少导致食物减少，这又进一步导致天敌行为变得怪异，无法预测。但谁又能够斩钉截铁地说事实就是这样呢?

大家似乎无法达成一致观点，更不用说运用

新的好主意解决新近冒出来的这些问题了。这令马特及其他许多猫鼬无比沮丧。更有甚者，就连以前的日常开销现在也变得越来越难以为继。

这并不是说马特从来就没听到过任何大有希望的新主意。他有两个极有想法的朋友，塔尼娅与阿戈，这俩伙伴想出了一个很可能会找到更多食物并且减少食物浪费的点子，还有一个能够比以前更早发现天敌的具有潜在可行性的方法。不过，两只猫鼬却碰上了“这在我们这里是行不通的”这样一堵绕不过去的墙，考虑到实际情形，这种反应实在是不可理喻。马特试图向其他猫鼬指出这种说法的荒谬，帮朋友一把。他向平日里跟自己混得最熟的、那些跟他大约同时出生的猫鼬们讲，跟自己的家族首领讲。不过到头来却是白忙活一场。

马特实在感到疲惫不堪。因为他是只受人尊

重的猫鼬，所以有一位大老板——一位长老——常安排他去做一个又一个数不完的项目。这种令他疲于奔命的工作终于让他撑不住了。他既不是那种任劳任怨安安静静地干事的猫鼬，也不是那种牢骚满腹似乎跟全世界都过不去的猫鼬。不过现在他成了——

一只满肚子怨气的猫鼬。

CONTENTS 目录

C H A P T E R - 5

第五章　拯救部落

引　言

这个故事讲的是现在我们所有人都会面临的重大事项：变革的速度加快了，人们可能难以看清事实或加以有效应对，当我们无法找到避免危险的途径，抓不住机遇并达成我们真正重视的结果时——我们知道这一切都是可能发生的，因为有些人就是这样的——生活有时候的确可能很不遂人意。

我们在本书中选用了一个寓言来讲述我们的故事——一个有着完整角色的故事，包括马特在内——因为寓言可以用来呈现重大事项，对许多人颇有帮助。而我们在书中要讲的事情的确意义重大。要理解如何才能取得更好的结果，我们需要更清楚地理解组织是如何崛起的，以及不管其取得如何重大的成就却终归会衰落的原因所在。我们需要更清楚地理解一部分组织会再度崛起并恢复成长，完成其使命，创造出了不起的工作岗位及财富，并提供出色服务的原因所在。这有助于我们看清纪律、计划、可靠性以及效率在这些故事中所起的作用。同时还有热情、远见、投入、速度、灵活性以及文化各自所起的作用。此外，这里面还有管理与领导的区别——而后者并不就等同于坐在宽敞明亮的精英办公室里的少数人。

是的，我们的确明白，在这么小的篇幅里塞进这么多东西确实有点多。还有，有许多人在这些问题上有很多话要讲。不过，我们认为，在当今社会里，与成功相关的基本要点的周围笼罩着太多的迷雾。只有驱散这层迷雾，我们才有机会将 21 世纪的挑战与威胁转化成激动人心的机遇——为了业务、为了政府、为了非营利组织，还有为了我们自己。关于本书所讲故事里的想法与洞见，我们可以滔滔不绝地谈论过去数十年间围绕着它们所展开的研究。不过，这种做法可能与我们要在本书里讲一个言简意赅、发人深省、实用而有趣故事的目标背道而驰。我们会在本书结尾处就这些研究及本书中所提及事项提出一些想法。就目前而言，我们暂时只提供下文所示的简单图表。

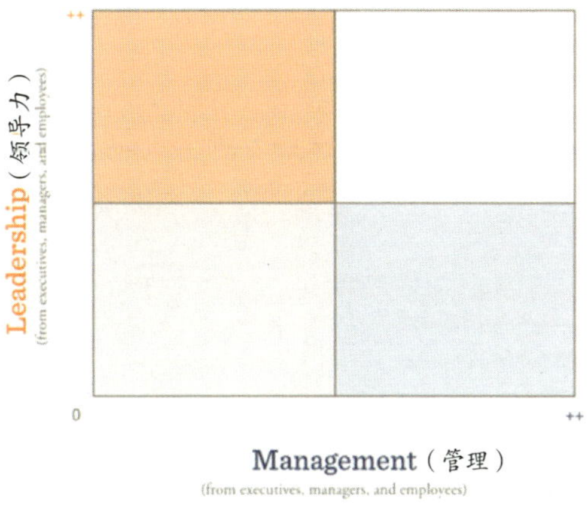

这个图表言简义丰地表达了组织的兴起、衰

这个图表言简义丰地表达了组织的兴起、衰落以及可能的再度兴起过程，以及为了实现每一个人在工作中更有成效更开心的目标而可能采取的行动。我们将在本书结尾处探讨这一切话题（而您也将看到贯穿本寓言始终的各故事的相关性）。

话说到这里已足够了。我们回到故事的开始吧。

1 第一章 One Chapter

创意？规则！

“纳迪亚，你要知道，有时候有比乐趣与创意更重要的东西。这些规则和程序的目的是帮助你达成你和部落最关切的目标。”

从前，有一个非常有趣的动物部落，人类称这种动物为猫鼬。他们居住在卡拉哈里，这是位于非洲大陆上南部的一片温暖而干燥的土地。

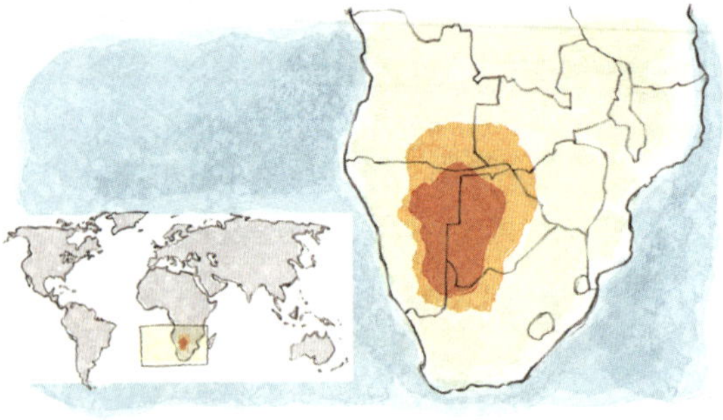

乍看上去，这些猫鼬们在此安居乐业的土地跟周围其他土地也没什么两样。不过，凭着聪明的头脑，艰苦的劳作，辛勤经营再加上一点运气，他们的祖先找到了一块跟所有其他土地不一样的地方。在他们到来之前，一场草原野火清空了这片土地上的植被，为他们创造了一处完美的栖息地。这场野火将许多天敌驱逐出这片土地，这里食物充盈，主要为蝎子、嘎嘣脆的昆虫、鸟蛋以及时不时采摘来的水果。

刚开始时这个部落仅有二十只猫鼬，后来部落成员数量繁衍到超过一百五十只，这个数目远远超过一般部落规模。猫鼬一年可产两到四窝崽，每窝产三到五只幼崽。如果你动手算一下——呃，两窝和四窝与每窝三到五只的差异……这么说吧，如果条件合适的话，会增加大量的猫鼬。

各种条件中最重要的莫过于保持部落机能的正常运作了，你也许已经猜到了，随着部落成员数量日益增加，这一工作的难度变得越来越大了。不过这一部落却学到了把自己组织得异常有条理的方法——这也是本故事如此引人入胜的原因之一。

上一周刚下过相当大的一场雨。找食物的工作也相对简单。生活虽然算不上应有尽有，不过整体而言还是挺舒适的。每只猫鼬都各司其职，只要你按部落里的行事方式来，不惹是生非，日子还是过得十分如意的。

这种状况会发生变化吗？“当然。”几乎所有猫鼬都会异口同声地说，“变化只是生活的一部分，有干季就有雨季。有时会有老鹰来抓我们，有时会有蛇来找麻烦，不过我们知道该怎么对付这一切。有时情况还挺棘手，不过我们有办法可以很好应对这些该死的挑战的，谢谢你的关心。”

机灵鬼纳迪亚

纳迪亚是部落里一位聪明、有冒险精神、精力旺盛的成员。她生性开朗，做事情有干劲，这种精神容易感染周围的猫鼬，尤其容易感染那些不论她去哪里都喜欢在她身边跟来跟去的幼崽。这对她来说通常是种乐趣——大家可以猜到，有时这种事也会让人心烦。

当纳迪亚听说家族首领要在某天中午见她时，她有点忧虑，这是可以理解的，她从来没跟他进行过一对一的面谈。

她向自己的朋友们吐露了自己的顾虑。他们知道这次面谈要谈些什么吗？确实有一只猫鼬知道面谈的内容。纳迪亚知道了上面正考虑安排她担起大姐之职，照顾一群很快就可以出穴的幼崽。

经过一番认真考虑后，纳迪亚认为自己发自内心地想干这份工作。不过她首先得通过家族首领的面试，这位家族首领负责她所在组的全部职务分派工作。

她提前到了面谈地点，这样有时间坐下来放松一下头脑。

“你就是纳迪亚，对不对？”首领的话把她从白日梦中惊醒。他有着手段强硬但处事公平的名声。“我有几个问题要问你。”他说，“首先……”

纳迪亚对所有问题的答案了然于胸，她用胸有成竹的回答掩饰自己的不安。这个测试对她来说一点也不难，因为在她还是一只幼猫鼬时就从各种渠道知道了这些问题的答案。不过，有些问题的答案也让她不明所以，不过她觉得既然自己想要这份工作，就不应该试图在这种时候就如何进行部落管理展开哲理探讨。

当老板觉得这只年轻猫鼬有能力担负起责任而感到满意时，他又问了一个问题：“你愿意向幼崽传授在部落里作为成年猫鼬生活所需的全部知识以及在他们有能力保护自己前担负起保护他们的生命的责任吗？”

要通过这项测试纳迪亚就得以迅雷不及掩耳的速度回答这个问题，“是的，我愿意！”事实的确如此。

面谈结束后她异常兴奋，不过，即便如此，实话说，她还是不怎么理解这个新角色对自己的要求。这让她有点焦虑不安，这一点，实话说，没有哪只脑瓜灵活、精力旺盛的猫鼬愿意承认这一点。

纪律严明、值得信赖的尼古拉斯

尼古拉斯是纳迪亚的大哥，也是保安部的头领。他是只敬业、思虑周详、注重细节、纪律严明的猫鼬。他的头脑也颇灵活而且长得一表人才……跟纳迪亚一起玩的女孩中有半数暗中倾慕他。

尼古拉斯刚完成了对保安部成员的晨间通报。他已仔细检查过当天的活动安排，提醒大家要在最近坏消息不断的情况下更加警觉些。

一个保安在部落附近的一棵树上看到了一条眼镜蛇，另外还有猫鼬发现一条豺狼在附近漫游，这些天敌很喜欢抓猫鼬做午餐。保安们确信，这两个天敌跟他们昨天看到的绝对不是同一回事。同时出现两只豺狼、两条眼镜蛇是件异乎寻常的事。更坏的可能在于，另一个保安听到天空上传来一种奇怪的声音，类似前人所说的秃鹫的声音。因为这个部落是在草原野火结束后才在这里安家的，所以谁也没见过秃鹫这种动物。

看到纳迪亚走过来时，尼古拉斯的心里被刚听到的消息以及需要采取的措施等事情占得满满的。他知道她去面试的事，而且对她能够通过测试很有把握。他拥抱了一下自己的小妹妹。她一路跑过来，跑得上气不接下气，一时还说不出话来。向哥哥宣布自己得到这份工作的消息后，她一眼注意到哥哥正在烦心事，就开口问了。

“没什么大不了。”他撒了个谎，免得她担忧，“日常工作上的事而已。”不过纳迪亚却执意要问个水落石出。“什么工作让你这么烦心？你是保安部头领，可我从来没见你做过保安工作。”她笑了笑，尼古拉斯被逗乐了。“的确如此，我做的不是日常保安工作，我做的是其他事情，你知道得很清楚，不过你真的想了解细节吗？”他问道，觉得抛开烦恼消遣几分钟或许真的能开解自己的心情。“过去你可从来没有真正对这些事情产生过兴趣。”

“今天跟过去不一样了。”纳迪亚用她一贯能排解忧愁的热情说道，考虑到现在自己的新职位，感觉到这个信息现在或许能够派上用场。他们坐了下来，他解释道：“我要制订计划，制订需要多少名保安的计划并做好日常保安安排。随着我们部落日益壮大，计划与安排就显得更加重要，否则有些岗位就会意外出现无人值守的情况，而出现这种情况就可能意味着……”他摇了摇头。他不必说出“会有猫鼬死”这个结局。纳迪亚心领神会。

“我会招募并培训保安，对于那些经证明不适于保安工作的猫鼬，我会安排到其他岗位上去。

优秀的保安工作是一项职能，这是我们作为保安所必须具备的。业余保安？那不是个好主意。”

“我的工作是基于我们在过去这些年积累的经验，制定出明确的工作程序让保安们去实施。我会衡量受袭击的频率、时间以及地点，我们已制定出非常高的目标。我们不希望在我们的工作还不完善的情况下自欺欺人地认为自己已经做得尽善尽美了。在部落还很小的时候，每一只猫鼬都能够看清全局，但现在就不行了。”

“如果我们的保安工作出现了差错，我的责任就是迅速找出问题所在，加以分析并解决问题。如果我行动不够迅速……”他再次摇了摇头。

纳迪亚竭力让自己表现出听得津津有味的样子，不过这些计划呀、安排呀、程序呀、对策呀，诸如此类的东西听上去，实在是……让人提不起兴趣。尼古拉斯看出有些东西她还搞不懂，不过在下一次会议开始前他还有点时间，于是他接着说下去。

“你看，要让一个像我们这么大规模的部落可靠地正常运作下去，最需要的是纪律与秩序。”他一边说一边在沙地上画了一些方框与线条。

“良好的组织是不可或缺的，我们最上层有两位长老。”一位男性和一位女性，这跟所有其他猫鼬部落没有什么不同。

“他们负责为我们做出所有重要的决策，在他们下面还有一级”——六位家族首领，每人负责二十至三十只猫鼬的团队，以及挖洞组头领和保安组头领尼古拉斯。“我们共同确保完成所有的必要工作，让部落里人人都知道自己的职责所在，在什么时间以及如何完成自己的职责。”

尼古拉斯解释说，在不远的过去，在每个满月到满月的周期里部落会经受十次袭击。他在一条通道里用小树枝摆的图形向她演示了自己是如何记录这一切的。纳迪亚感到很是震撼，“我们的被袭率不到二十分之一”。尼古拉斯说，话语里透露出些许自豪，“这是理所应当的，因为对于猫鼬部落来说，这是一个十分出色的记录”。

对猫鼬管理术语不怎么了解的纳迪亚问：“被

袭率究竟是一个什么样的数字？”尼古拉斯点了点头。“这个数字指的是一个部落成员在总的被袭击次数中被天敌抓走或受重伤的频率，当然，我们已采取一切必要措施降低这一数字。我们也是用这个方法考核保安工作的。”

纳迪亚无法抑制心中对心爱大哥的敬佩之情，不过她觉得坐在这里谋划这谋划那的这种工作实在是……激不起她的兴趣。

尼古拉斯在家族首领下面又画了一个方框。“这是现在你作为大姐的位置。”他笑了笑继续解释道，他在这个方框下画了五个方框，“这就是你管理的幼崽。”

纳迪亚立即对这个说法有了两个反应。首先，她不喜欢自己的名字被放进一个框里，尽管她明白职务上的晋升让她进了这个框里。其次，她不理解为什么要把幼崽也放进这张图表中去。

“可是这些幼崽并不工作啊！”她抗议说。

“你错了。”尼古拉斯说，“他们也是要工作的，不过他们的工作是学习生存技能，你的工作就是向这些幼崽传授生存之道。”

他看了看太阳又看了看自己的影子——本质上典型的猫鼬时间观察法——接着说，“不过我现在要召集下一次会议，小妹，我真为你感到骄傲。”他们相互拥抱了一下，然后，他就离开了。

与此同时，尼古拉斯心里一直在想那只秃鹫，童年时他听说过这种动物——但从来没有亲眼见过，因为部落里没有哪只猫鼬见过真实的秃鹫，更像是儿童听说的关于女巫、妖精以及龙这类东西。

“首先你要学会规则”

纳迪亚不知道要对大姐培训课程抱什么样的期望。她渴望学习，至于学多少无所谓，因为她想既然要做就要把工作做好。当然，尼古拉斯也抱同样看法。

当她来到培训地点时，她的家族首领已在那里了。“今天我们要仔细学习当大姐与大哥所要遵守的规则。”他说道。说完立即开始带着大家学习二十五条规则。

纳迪亚被点名复述这些规则，她第一次就答对了十二条规则。“对于新手来说，这个成绩还不赖。”首领以其惯常无表情的语气说道。不过，事实上这位新生给他留下了深刻印象。

在当天上午的剩余时间里，大家被要求反复温习这些规则，直到能够记住大多数为止。“规则五是什么？”首领问道。“绝不能丢下幼崽无人照管！”“不错，规则十四是什么？”“每天以沙浴开始，以沙浴结束！”“好。”

“今天就到这里吧。”首领总结道。不过纳迪亚问道：“规则六，‘对所有幼崽一视同仁’，为什么说这种做法是好的呢？”

首领站起身来，准备离开培训场地，回答了一句：“因为这会带来最好的结果。如果我们还有时间的话，我会在晚些时候给大家解释的。明天同一时间见，午安。”

剩下的培训日跟第一天没有什么两样。对一只满脑子主意又爱冒险的猫鼬来说，这实在是够让人精疲力竭的。而对于纳迪亚偶尔提出的问题，答复也是始终如一的：“因为经验已证明这会取得最佳效果！”一次又一次答复的一致性实在令人感到惊异。尽管纳迪亚明白这一答复很可能没错，但她总觉得不够满意。

当纳迪亚能够不出差错地把全部规则正确背出后，她用带着些许期许的声音问道，培训是否已经完成。“没有，”她得到的答复简单而又毫不含糊，“你们学的这些只是规则，接下来你们必须学习并演练应用程序。”

当这位老师看到纳迪亚有些不情愿时，他解释说：“这些规则只告诉你该做什么，而没有告诉你如何做。对于大多数规则来说，我们已学会了如何用最优方法去完成任务。”从他的语气你或许会想，除了他妻子以外，规则与程序便是他的最爱。

纳迪亚深深吸了一口气，有点踌躇地点了点头。首领把这一切看在眼里，用右脚重重地跺了几下坚硬、干燥的土地。这是他第一次对这个新学生感到有点不耐烦。

“好吧。”他叹了一口气。“规则十四是什么？”

“每天以沙浴开始以沙浴结束！”纳迪亚回答得像枪声一般干脆。

“不错，那么，你是怎么进行沙浴的呢？”

“呃，我会……”她思索了一会儿。接着她解释了自己希望如何让幼崽们进行沙浴的想法。

首领打断了她的回答。“八九不离十了，不过这还不是进行沙浴的真正最好方法。我来解释一下，你开始时要……”

他的确是解释了。不过他的解释是，经验已证明这是最好的方法，因此他们就是这么做的。

这种独白以“明白了吗”收尾。“非常明白！”是期望中的回答，纳迪亚听到自己就是这样回答的。

“如果我有了改进我们行事方式的主意，我可以尝试一下吗？”纳迪亚问道。

“嗯，不行。”首领慎重地答道，“我们有个大哥大姐规则与程序组。”

即使在回答这些的时候，他心里也明白，这种答复在纳迪亚听来是多么迟钝与烦琐。“他们每月对这些规则与程序进行回顾，并讨论改进的主意与建议。改进是有益而且必要的！这是很显然的，不过……你不能直接说，‘把自己觉得好的东西随便拿来就试’，这里面是有多种原因的。”

纳迪亚等着他说下去。

随着来回踩的沉重脚步声，家族首领继续说下去。“试想一下，如果你在尝试看上去更优秀的措施的时候让你掌管的幼崽受了伤，你心里会怎么想。”他的眉毛向上挑了挑，“这种事情不是没发生过。”

当然，纳迪亚被这种会意外伤害到幼崽的想法吓坏了。

“就这样吧。”她的老师说道，“明天见。”

他走了，纳迪亚心里又忧又喜。喜的是：她稳步取得进步，当然有能力轻松学会全部规则与程序及最佳做法。忧的是：她心里有某种东西开始抗拒，而她对新职位的热度也开始从 100 降到 80，再降到 60。在进一步降到 40 以前，她觉得有必要再次跟尼古拉斯谈一谈。

在她说出自己内心对诸如方框、计划、措施、规则、程序等方面的疑惑前，他们也曾有过一两次谈话。然后尼古拉斯会笑笑，与其说是俯就不如说是出于对她的爱，接着会问她觉得在部落里过得怎么样。这句话是谈话杀手，因为答案总会是，生活过得很好。因此如果部落蒸蒸日上，那么尼古拉斯口中所说的“猫鼬管理”就是真正起作用而且是必需的。

“你在学习中进展如何？”尼古拉斯看着纳迪亚，其实他并不需要答复。“你不喜欢这些规则吗？”他问。

“我知道这是必要的，我不蠢，不过觉得他们太……”纳迪亚搜肠刮肚地找一个合适的字眼——“多窠臼！”接着她又说：“玩耍、尝试和学新东西的乐趣与刺激哪儿去了？”

尼古拉斯在回答她以前想了一会儿。“纳迪亚，你要知道，有时候有比乐趣与创意更重要的东西。这些规则和程序的目的是帮助你达成你和部落最关切的目标。”说到这里他故意停顿了一下，然后他接着说，“让你的幼崽学习并生存下来以及帮助他们在一个严酷的世界里取得成功。”

那天晚上纳迪亚的头脑明晰起来了。她希望在自己的新工作上有卓越表现。不，事实上，她决定要做到出类拔萃。如果规则、程序以及所有其他一切都是必要的，她愿意接受这一切。

第二天，她的老师马上注意到了她的这种变化。纳迪亚不再继续问个没完，相反，她出色地完成了记忆与内容演练，速度与效果超过以前所有培训学员。几天后，家族首领向长老汇报结果时说，纳迪亚将很快做好进入新角色的准备。

与此同时，现在她已开始用另一种眼光审视部落了。纳迪亚更加密切地观察猫鼬清理穴道、挖新通道、执行保安工作、喂养幼崽、保持会议场所整洁、捕猎、照看病患与伤员以及解决小纠纷等活动。自小到大，她一直认为这一切都是理所当然的，即使部落规则日益壮大而工作变得越来越复杂也没有留意这有什么特别之处。现在她觉得这一切日复一日、周复一周地运转如此良好实在是件非凡的事情。她现在已领悟了，大哥说的那些话，是那些计划、线条、方框、程序以及他口中所说的管理促成了这一切，至少他是这么说的。如果这都是真的——而至少她开始相信这是真的——那么这种叫作管理的东西真的很神奇，或至少它具有成就神奇的潜力。

即使如此，纳迪亚头脑中的创意部分仍对此感到疑惑，是否有什么东西出了差错——或至少不完整了。

2 秃鹫来了

第二章

Two Chapter

“在得不到来自上面明确消息的情况下，那些动不动就担心不已的猫鼬以及从来就不曾信任过自己上司的猫鼬们四处传播各种各样的小道消息。”

听到警报的时候纳迪亚正在返回自己家族组的路上。她本能地四下张望，结果看到了……什么也没有。接着她感觉到有个黑影，然后抬头望去。

天上的动物体形庞大，相貌丑陋，以快得不可思议的速度俯冲下来。

两只幼崽正在她旁边追逐蝴蝶玩，完全沉浸在游戏中，对周围发生的一切毫无知觉。纳迪亚抓住他们两个就近躲进一条洞穴通道里避险。

在洞察通道藏好后，她听到几声尖叫——令人心惊肉跳的尖叫声。她还听到了猫鼬爪子奔跑时的磨地声，然后事情很快就结束了，事情结束就跟出现得一样短促。

她壮着胆子小心翼翼地爬出通道，把两只幼崽拢在身后安全处。眼前出现了一幕她从未见过的景象。

在袭击发生现场的猫鼬们都被吓坏了。那些没看到秃鹫的猫鼬们——大多数猫鼬都属此类，因为这只大鸟来去非常迅疾——正在费力搞明白到底发生了什么事情。

两位长老莫罗和马拉在事情发生后不到一个小时赶到了现场。他们召开了一场会议。相对更情绪化的马拉对发生的一切感到怒不可遏。

“怎么会发生这种事?!”

马拉冲着六位家族首领、保安头领以及挖洞头领咆哮着。秃鹫袭击了两个家族，看来至少有一只猫鼬失踪，两只受伤。

没有人愿意开口说话。马拉打破沉默。“保护部落成员是你们工作的重中之重！”她瞪着遇袭家族的两个首领吼道。

在沉默了相当长一段时间后，一位家族首领最终开口说道：“我们已尽了我们全部所能，但从警报发出到袭击发生之间的时间实在太短。”

他掉头看着保安头领。

所有眼睛齐刷刷地看向尼古拉斯。他老老实实地说："按离现场最近的当值保安报告，从警报发出到袭击发生之间的时间符合我们议定的最短标准时间。"他接着看向挖洞头领。"我们在遇袭区域有足够多的洞穴通道吗？"

所有眼睛跟着尼古拉斯提示再次齐刷刷转向。挖洞头领眨了眨眼，看了看大家，然后他的神情变得严肃起来。

"呃，我无法判断当值保安报告的可靠性有多高。"他顿了顿，"但据我的挖洞人员确认，所有洞穴通道都得到妥善养护，能够畅通无阻。"

所有眼睛又整齐划一地自动转到第二家庭首领身上，他的神情早已从困惑到悲伤再转到准备进行一场自我辩护上了——这让马拉很不爽。她的脸色变得要多红有多红，"这简直不可接受！"

她咆哮着结束了会议，这有些出人意料。她安排当天晚些时候再举行一次会议。

与此同时，纳迪亚感到心烦意乱。她老是想到这些幼崽，她的情绪都表露在脸上。尼古拉斯心里也很烦乱，不过他早就学会了不在工作中表露出自己的情绪。他应该行动起来。因此即使在长老再次召集会议前，尼古拉斯马上就行动起来了。

他指派手下的两个保安寻找缩短反应时间的方法。他分派另外两只猫鼬寻找提高各项工作效率的方法，以便腾出人力增设一个或，理想情况下，两个观察岗位。他亲自察看各个地点以决定安设新保安的最佳位置。

有一位小组头领同样迅速采取了反应措施，而且方法相似。其他两位似乎把大多数时间花在查找问题根源不是出在自己身上的证明。

在随后的数天、数周里，秃鹫袭击的次数不断增加。而祸不单行的是，雨水也迟迟不来。

只要能够抓到肥美多汁的爬虫吃，猫鼬并不怎么需要饮水。不过，找到含水量高的食物的难度越来越大，而当雨水迟迟不来的时候，难度尤其大。猫鼬赖以生存的小虫子需要挖进更深的土壤里寻找湿气。他们停掉了所有在当时环境下非紧急但需要消耗能量的活动，诸如繁殖活动。因为繁殖意味着减少现有猫鼬分到的水与食物。

部落里的压力水平陡然飙升，长老、首领和头领们的会议变成了一件痛苦事。马拉不断向大家施加压力，要求大家提供关于食物与水源问题的信息。可是，没有谁通晓全部信息，甚至没有时间去调查一下，这种情况显然无法让马拉开心起来。

“我需要一个就我们未来该如何测量食物供应与消费水平的提案！”她怒气冲冲地用猫鼬管理术语丢下了这些话语。她指着三个家庭首领说：“我能指望你们在下次会议上准备好吗？”这些首领早就摸透了在这种情况下唯一正确的回答便是：“当然，没问题。”

尼古拉斯心里痛恨这种看来只是做表面文章而没有取得任何必要进展的情形。当然，长老间及首领和头领间的合作以及在找出究竟是谁的过错上少花点时间可能会对改善局面有所帮助。不过即使在那种情形下，他想，这里面有少许因素是出于猫鼬天性。因此，他自己就加倍努力工作。

经过了几天熬夜后，睡眠不足的尼古拉斯开始感觉到没有了往常的强壮感，也失去了平日的自信风采。

除了要考虑自己管的那几只幼崽以及当天或当时她需要采取的措施外，纳迪亚觉得自己在思考更宏观的问题。秃鹫会突然从什么地方从天而降呢？谁也不知道，她觉得，秃鹫飞行迅速而且能够在瞬间飞掠过一大片地方。难道是干旱驱使它扩大捕猎区域吗？在把几件事情联系起来考虑后，一个令她不安的想法浮上脑海。如果自己的推理是正确的话，一只秃鹫可能是新的威胁出现的第一个迹象而已。会有更多天敌蜂拥而来吗？

在树顶上展开保安工作

阿约一直想做名保安，做一名伟大的保安，尼古拉斯在一年前把他招进了保安队伍里。他的一些朋友把保安视作一项义务或作为部落一员必须付出的劳动。对于阿约来说，保安的意义可远不止于此。当值时，他会百分百全神贯注地投身于工作中。不用当值时，他心里想的是保安工作，还有就是不只是妥善完成工作而是要完美做好保安工作。他没办法让自己不去想保安工作，他就是个“保安痴”。

从当值岗位上返回时，阿约遇见了他最好的朋友——纳迪亚。他们从小就喜欢粘在一起玩，虽然他们两个在很多方面很不一样——纳迪亚性格开朗，对什么事情都好奇，兴趣广泛，而阿约则非常专注，这么说吧，他是个不怎么会社交的猫鼬。

阿约以其惯常紧张兮兮的方式有点突兀地说："过来，给你看点东西。"说着就拉着她往前走。尽管她的脑子被当前的困惑与危机所烦扰，她依然连问也不问就跟他走了。

他们来到了这一片区域里的最大一棵树下。"我们爬上去。"说完他便跳上树，把尖利的爪子抓进树皮里然后将身体拉高几米。

"我不会爬树。"纳迪亚说。

"你怎么知道自己不会呢？"阿约问道。

"我从来没爬过呀。"纳迪亚说，不过她马上就意识到自己的回答多么无意义。

几分钟后，他们便站到了离地面约三十米高的树上。"我不想再往上爬了。"纳迪亚神情坚决地说。

“你不用再爬了，往四周看看！”阿约说。

他们靠坐在一起，坐在这棵将周围大片区域一览无遗大树的茂密树叶里。

“哇噢！”纳迪亚忍不住叫出声来。这是很长一段时期以来她所做所见的最棒的事。

在接下来的半个小时里，阿约滔滔不绝地讲了他将如何革新保安工作的想法。“从这里可以比从地面上更早发现危险，这留给我们更多反应时间。你可以更早发现那只可怕的秃鹫向我们扑过来！我说的不对吗？”

是的，没错，纳迪亚心里想，真是个棒主意，他们必须跟尼古拉斯谈谈。

会谈、测量、特别工作组……

两位长老开会的时间比往常长了许多。两人长时间地讨论某些他们认为没有尽到责任的家族首领和小组头领，然后又进一步讨论该起用哪些已训练好了的猫鼬替换这些不尽职的家族首领和小组头领，还有该如何应对向被淘汰的家族首领和小组头领透露坏消息时他们不可避免地出现的情绪波动。

两位长老每天上午下午都要跟家族首领和小组头领开会。除了其他事项外，他们做出如下决定：

* 审查现有应对蛇袭击的对策。现有流程是积累多年经验制定出来的，共有七个步骤。在对第四步下半部分进行了长达两小时的讨论后，他们

决定设立一个相当于人类特殊行动小组的猫鼬团队，并要求这个团队完成这一项工作。

* 审查内部组织方式。两个家族首领（合乎逻辑地）主张取消保安组与挖洞组，并把这两组人员合并到他们的家族组织里。相反，挖洞组头领则提议说，将挖洞与保安组合并到自己掌管的挖洞组里。

* 进一步探讨找寻并消费食物新措施的第一个版本。最新建议比较有道理，不过却需要二十三项措施。

* 检查整个部落的新培训方案，学习（重温）/ 练习四个警报信号与适当应对举措。

	低风险警报	高风险警报
地面袭击	信号 1	信号 2
空中袭击	信号 3	信号 4

在大家不开会的时候，老板们，更确切地说，是马拉而不是摩洛，比以往更频繁地指使大家干这干那。谁说不应该呢？马拉比部落里的任何人都更富有经验，她懂得的事情多，因此她就不停地指使大家，指使这，指使那——或更可能出现的情形是，她会冲这个吼，冲那个吼，吼来吼去。她给自己施加了很大压力，不眠不休，也指望所有猫鼬都这么做。这种情况带来的一个直接后果便是，家族首领和小组头领们跟部落里的许多其他猫鼬都日渐疲惫。突然间，他们的工作忽然变得又费力又劳神。

部落里的猫鼬们对长老们闭门开会讨论的事项议论纷纷。在得不到来自上面明确消息的情况下，那些动不动就担心不已的猫鼬，以及从来就不曾信任过自己上司的猫鼬们四处传播各种各样的小道消息。真正能够理解长老们所筹划重大策略的猫鼬数量不超过十只。

接着，食物问题愈演愈烈，由此造成的后果进一步加剧了大家生活的困境。

看来猫鼬们喜欢每天锻炼身体。所以他们身体上没有脂肪积累。好消息是：他们的基因结构使得他们不必去忍受卡拉哈里健身俱乐部里的难熬时光，而且身上永远也不会有一盎司的赘肉。而一个不太好的消息是：他们无法在身体里积累任何储备，因此一天找不到食物就成问题，两天找不到食物就成了严重问题，而三天没东西吃就可能有致命后果。在找寻食物越来越困难的情况下，越来越多的猫鼬开始只顾自己而不管别人了，身体强壮的会偷弱小者的食物。当这种事情传到长老耳中的时候，他们命令家族首领和小组头领们约束各自家族、保安或各自的挖洞人员，防止部落陷入弱肉强食的境地。家族首领和小组头领们的训话起到了一点作用，不过却无法根除这一问题。身处绝望境地的猫鼬们只是在采取自保行为中表现得更谨慎而已。

压垮骆驼的最后一根稻草

阿约从当值保安的树上爬了下来。他的班已经结束，替换者也来了。“尼古拉斯要见你。”替班者对他说。

机会终于来了！阿约心里想。他千方百计地

尝试找机会向老板解释自己的发现，可尼古拉斯似乎永远都在开没完没了的会，跟其他家族首领和小组头领谈话，或看上去一幅心烦意乱的样子。尽管阿约一整天什么东西也没吃，不过他还是感到很兴奋，现在他终于能够向尼古拉斯解释自己的想法了。

还没等阿约开口说话，一脸漠然、疲倦、神情不友善的尼古拉斯语气坚决地说：“阿约，我听其他保安报告说你违反了保安程序，你在当值期间爬上了一棵树，这事是真的吗？”

阿约没有被尼古拉斯的话或语气所吓退，不过他说的时候语气同样坚决：“是的，没错，我在树上的时候，可以看得更远并且——”

“打住！”尼古拉斯厉声打断了他。“无论如何保安也不得离开自己的岗位！那不是我们这里的行事方式。永远也不行！你是明白这一点的！

你脑子里究竟在想些什么？你这种缺乏纪律的行为让我非常失望，在当前这种情形下是不可原谅的。我们需要百分百确信保安们能够履行他们的职责。我将不得不把你的问题报告给委员会并安排你去做其他工作，你已不能继续做保安工作了。”

阿约简直无法相信自己耳朵听到的这一切。“尼古拉斯，我找到了一个履行保安工作的更好方法……”

“阿约，你的好意用错了地方，我没有时间跟你再探讨这件事情，我真的感到很遗憾。”尼古拉斯转身走开了。

阿约呆若木鸡，他踉踉跄跄地走着，然后瘫倒在近处的一丛灌木上。他不知道自己究竟是应该尖叫——还是该哭泣。

听到自己心目中英雄大哥的行为后，纳迪亚也感到不知所措了。她试图找尼古拉斯谈谈，不过有人告诉她，说尼古拉斯正在开会。因此，她就跟阿约待在一起。

两只沮丧、困惑、斗志全无的猫鼬谈了很多，直到阿约情绪平复下来、双眼空洞地看着北方。接着他说："纳迪亚，我不能就这么生活下去，我帮不上忙，还不称职。这简直不可理喻。我要离开这个部落，我要另找一个可以把我的技能派上用场的部落。"

纳迪亚一脸震惊地看着他。

"我不会是第一个离开的。"阿约对她说，"最好的挖洞人员以及另外两只猫鼬昨天已经离开了部落。"纳迪亚已听到传言说部落里的挖洞好手祖白礼，或许还有几个非常能干的朋友跟他一起离开了部落。

除了尼古拉斯外，跟纳迪亚走得最近的要数阿约了。她无法想象，除了保安工作外对其他事项几乎一窍不通的阿约如何能够在沙漠里独自生存下去。“如果是这样的话，”她冲动地脱口而出，“我跟你一起走！”

几天来，她心里一直在思索一个主意。她想，其他猫鼬部落肯定也面临着同样的问题，那么他们是怎么做的呢？可以肯定的是，至少有一个部落已找到更好的应对方法，这种想法难道不合理吗？肯定有人找到了办法并把这些知识传授给了自己的朋友与家族。

她向阿约解释了这个非凡的主意。他们一起讨论这个想法。最后两人达成一致看法：的确，为什么这个“某人”就不应该是他们俩呢？

纳迪亚又去找尼古拉斯，这一次是告诉他自己决定跟阿约离开部落，去找寻帮助部落更好应对当前新挑战的解决之道。跟往常一样，他总是来得匆匆忙忙的，他步履匆匆地听她讲。

“尼古拉斯，你在听吗？”她不情愿地提高

了嗓门，“我要离开部落了。”

他停下来，不再检查那份长长的待执行事项清单，抬起头看着自己的小妹妹。“你在讲些什么呢？你不会是认真的吧？出了什么事吗，纳迪亚？”

“没有一件事情不出问题！”她说，“部落正在四分五裂，而整个委员会就只会讲空话发火，我已彻底厌倦了这一切了。”

接着过去几周里遇到的挫折又涌上心头。“看见你把自己累死累活的，我心里很累。我也厌倦了看到一些猫鼬只顾自己而不管别人的现实，厌倦了听猫鼬没完没了地追究该责备谁的话，厌倦了没有猫鼬愿意倾听那些有更好主意的人，只因为似乎大家都只认为现有方法是唯一最佳方案。希望伸手帮助结果却被推开，被告知别多管闲事，别乱插嘴，只要等上面命令就行，看到这一切我心里很不舒服。而委员会呢，包括你在内，似乎对这一切都视而不见。”

她解释了自己的想法，要去寻找能够更好应对这些困难的部落，然后再把这些信息带回来。尼古拉斯盯着她，好像她在讲一种未知的语言。

“事情会再度好转起来的。”他说，只是自己也半信半疑，“我的保安在过去短短数天里便已成功制定出多项计划，你自己也意识到我们拥有让我们在过去多年里繁荣强大的实力。”

纳迪亚疲惫地点点头，不再说话　　意识到自己再也无话可说。

“四处漫游太危险了！”尼古拉斯说，“你是知道的。”

“是的，我知道，尼古拉斯。”她说，“我有点害怕，不过待在这里是没有希望的，而我没法接受没有希望的生活。也许，阿约和我没法找到比我们有更好应对挑战方法的部落——但我不相信没有比我们做得更好的部落，我们一定要尝试一下。”

猫鼬有一种独特的本能，他们能够真正闭上耳朵，这是一种在挖洞时保护脑袋里不进沙子的自然机制。此刻他并没有在挖洞，不过纳迪亚看得到，她大哥的耳朵已严丝合缝地闭起来了。

她久久地拥抱了一下尼古拉斯，然后推开他，快速转身跑开了，这样他就不会看见她眼中的泪水了。当天下午在部落里的最后几个小时里，她安排另一位大姐接手自己掌管的幼崽，然后一个人待着想事情。

这实在不可理喻。她刚开始相信自己大哥以及整个部落运作得确实非常出色，现在一下子发现他们却连这些问题都无法应对。

这些方框、计划、规则无法应对……什么东西？秃鹫？不过她知道这个答案并不十分正确。

无法应对的，是一种更宽泛的东西，是那些新的挑战，是突然出现而他们尚未为其建立解决方案以及政策的挑战。面对这些突然出现的变化，猫鼬管理只会引发更多老板们的指手画脚以及吼叫，不过这些于事无补。猫鼬管理摒弃像阿约等人提出的创新想法，仅仅因为这有别于过去他们一直采取的做法，过去的做法向来效果非凡。事实上，这同样于事无补。

太阳落山时，阿约与纳迪亚离开了。

3 第三章 莱娜的部落

Three Chapter

“我没办法同时盯着这么多项目。我想我甚至连去盯住这些项目的念头都没有。这些活动的领头人是……呃，可能是任何人。他们的热情与远见常常使我感到意外。”

旅途

纳迪亚和阿约尽可能在夜间以最快的速度行进，白天则躲进废弃的穴里睡觉。这么做他们的行进速度会稍慢些，不过却安全得多。

他们花了两个夜晚的时间才找到一个猫鼬部落。天刚亮时他们赶到了这个部落，他们坐下静候猫鼬们醒来。当猫鼬们慢慢爬出洞穴，他们估计这个部落里可能有六十到八十只猫鼬。

“奇怪！”纳迪亚向阿约说，“甚至没有一只猫鼬注意到我们俩。”

“保安工作做得真烂。”他回答说。

他们坐在那里观察着这个部落，这可不是个令人赏心悦目的景象。

他们立即看出，相比这里的焦虑程度，他们自己的部落简直可以说就是颇为平静了。尽管大多数猫鼬都在跑来跑去，但显而易见的是，似乎并没有多少成果。那些管事的似乎只是在指手画脚呼来喝去，跟他们家里的情形没有什么两样，只不过这里呼来喝去更多而已。而且看上去甚至连最简单的日常工作——给幼崽喂食，修理塌倒的洞穴——这些猫鼬都做不好。

当纳迪亚尝试跟部落成员交谈时，她几乎总是听到：“抱歉，我很忙，我没时间，我必须……”然后这些猫鼬会跑开去。最后她终于拦住了一只憔悴的猫鼬时，她听到了这个猫鼬部落跟自己的部落面临着需要应对同样挑战的说法。但就她能够看出的而言，尼古拉斯作为保安组头领所做的日常工作，即使是突然面临巨大困难，对面前这个部落来说几乎都完全是闻所未闻的。而至于应对新环境而提出的革命性主意，她没有看到任何证据表明会在这里存在。

要猜想这个部落的长老们在什么地方倒也不是什么难事。他们走到哪里总有八九只猫鼬几乎如影随形地跟在他们身后。至于这个部落的其他成员，几乎所有人似乎都竭力躲避这些老板们，老板们走到哪里他们便悄悄地向相反方向躲开去。

当晚纳迪亚和阿约聊了很多。他们忍不住想，这个部落已经完了，这是一个多么可怕的念头啊。

不过这里是有教训可以汲取的，纳迪亚想，但她需要时间理清思路，弄明白到底是种什么样的教训。不过有一点很明显，继续待在这个注定完蛋的部落又根本帮不上什么忙，那也没有什么意义。

两只猫鼬仅待了一天便动身离开了。

他们很快便又找到了其他一些部落。不过，因为这场旱灾的缘故，大多数部落都不欢迎新成员入伙，有几个部落甚至强行驱赶他们，其他一些则像那个注定完蛋的部落或像是自己部落的迷你版。

在寒冷夜晚里行路，吃得又比平时配给量少，而且还要在白天睡觉，这种行程很快便让他们吃不消了。不过每当他俩中有谁道出心中对他们是否应该继续这种寻找之路的疑惑时，另一只总会找到一些安慰性的字眼或手势。于是他们就继续前行。

他们偶尔会遇到其他的漫游猫鼬，不过大多数都……有点怪异。因此，刚开始遇到马特时他们是心存疑虑的。

马特身形比大多数猫鼬都高，年龄也比纳迪亚和阿约稍大点。就他们所了解到的信息而言，马特已经只身在外漫游了很长一段时间了。

说了一些猫鼬见面时的套话后，纳迪亚问他何以会只身在卡拉哈里沙漠里游荡。

马特的故事很悲惨，他的部落找不到应对新威胁的方法，最终分崩离析了。各个家族四分五裂，保安工作也时有时无。最后，只有洞穴得到无微不至的保养，甚至得到扩展，这是在只有半数挖洞成员的情况下实现的。而马特当时正是挖洞组的头领。

阿约立刻喜欢上了这只猫鼬，因为他显然对自己的工作有着很高的标准而且对待工作也非常认真。纳迪亚马上想到了她哥哥，她早就想他想得要命了，她认为他跟马特有很多方面是相似的。

“加入我们吧。”她冲动地向马特说。阿约顿了顿，显然是在考虑这个想法，然后点了点头。马特感到很意外，不过却很开心，很快就同意了。

三只猫鼬稍事休息。马特对新伙伴们说：“我听说新成立了一个部落，对新成员入伙放得很松，他们那里有足够的食物，没有出现猫鼬们因为秃鹫或许多新出现的蛇而被赶尽杀绝的情形。”

这些情报当然引起了纳迪亚和阿约的注意。

“我找了三天都还没找到他们。”马特一丝不苟地在尘土上画了一个关于他在沙漠里游荡的详细平原地图。“据说他们就在这附近”，他指着其中一个点对他们说。

阿约拉起马特带他到了附近最大的一棵树下。他要马特照他的样子爬，不到一分钟他们就到了树顶上。

“那么，你会把一个部落放在这片平原中的什么地方呢？”阿约问。

“哇噢！”马特惊叹道，跟纳迪亚第一次从树顶看到这种景象的反应差不多。过了好一阵子他才从这种令人叹为观止的景象中镇定下来，开始明白自己看到的一切。稍稍停顿了一下他便指向约有五公里远的一个地方，“那里！”他说。

他们再次开始夜间行进的安排。第二天早上，纳迪亚、阿约和马特发现了一个小小的猫鼬部落。

仅仅过了几分钟他们便看出，这是个与众不同的猫鼬部落。

非常与众不同的行事方式

这个部落里只有大约十二三只猫鼬，大家都围成一圈坐在一起。纳迪亚、阿约和马特到来时，看上去他们刚开始开会。看到他们三个的猫鼬冲他们笑了笑，或至少看上去没有敌意。这个部落的首领让这些漫游者先坐在一旁等会议结束，事后他们得知她叫莱娜，是部落的创立者。然后她以下列话语开始了会议：

“我们都知道今年雨水迟迟没来，比往年迟了很多，我们群策群力发挥大家的聪明才智，没让这问题造成多大危害。”她对其他人笑了笑。“我们不知道事情为什么会这样，也没办法让雨水降下来。”

两只猫鼬轻轻地笑了笑。

“不过，”她继续说道，“我们能做的就是做好准备工作，做好明天或后天或接下来的一周里都不下雨的准备，你们说对不对？”

其他猫鼬犹犹豫豫地点点头。

“并不是说我们会希望这个问题出现——不过明智的解决方法会使得我们部落更加强大，更加优秀，因此我们当前面临的问题是一个机遇。”

莱娜再次笑了笑，部落里大多数猫鼬都再度点头称是。纳迪亚被迷住了。

莱娜继续道：“有哪位愿意给大家谈谈该如何更好应对这个……呃，机遇呢？”

一只手怯生生地举起来，几乎让人注意不到，不过莱娜马上说：“好样的，塔姆，让我们用热烈的掌声鼓励塔姆发言。”

于是大家鼓掌。那些明白莱娜是在鼓励塔姆发言的猫鼬鼓掌最热烈。

“我们先征集一些想法。”塔姆小心翼翼小声说道，“请先不要评论，首先，我们要做的只是征集想法。”

猫鼬们吵吵嚷嚷地说出了自己的想法。塔姆在会议场地上不同地方的地上记下了大家的每一个想法。当有猫鼬提出一个建议，还没等塔姆写下来，另一只猫鼬大声说出了对这个建议的改进方法。提出主意的猫鼬迟疑了一秒钟，然后微笑着使劲点头。

最后塔姆征集到七个建议，再没有人提出其他建议了，他要求大家投票表决，走到自己最喜欢的主意前表示投票支持。除了两只猫鼬外，大家都走到其中的三个建议前。塔姆建议大家将精力专注于这三个建议上，其他猫鼬愉快地接受了这个提议。他要求伙伴们解释为什么会喜欢这三个建议中的某个，然后他又问大家从每个建议中看到哪些潜在问题。

随后进行的讨论将三个建议中的两个形成具

体方案，添加猫鼬们喜欢的成分并削减他们不喜欢的地方。纳迪亚睁着大眼睛，全神贯注地看着这一切。她从未见过任何跟这里发生的一切有丁点相似之处的东西。

“我们能同时执行这三个建议吗？”讨论结束时塔姆问大家。

“不行！”大家异口同声地回答。

“你们愿意支持获得最多票数的那个主意吗？”

“当然！”部落里迸发出最响亮的答复。

因此他们再次用站到自己支持的主意前面的方法又投了一次票，这次产生了一个明确无误的胜出主意。这是个“食物分享”方案。

这个主意的构思很简单，但因为存在重重障碍，所以难以执行。“食物分享”意味着不再是谁找到食物谁吃了。相反，你把找到的超过一只猫鼬绝对所需之外的食物存起来并确保那些需要食物的猫鼬可以共享这些食物。

“我们该怎么处理获得支持第二多的主意？”塔姆问。

有只猫鼬建议大家可以记住这个主意，如果食物分享方案不现实，那么大家再回头尝试这个主意。大家似乎认同这一说法，于是看向莱娜，她微笑着点了点头。

“我们需要一些志愿者，”她对大家说，“牵头帮助大家理清具体该如何实施食物分享然后实际实施这一方案。有谁愿意帮忙吗？”

五只手举了起来。“很好！”莱娜说，“让我们感谢塔姆为大家组织了一场非常有建设性的讨论。”大家纷纷向塔姆表示感谢，会议就这样结束了。

在部落里的猫鼬离开会场之际，宣布会议开

始与结束的那只猫鼬来到三只新到的猫鼬面前。

“嗨，我是莱娜，你们几位是？”

他们做了自我介绍并简单讲了各自的故事。莱娜听他们讲完，没有插话。当他们讲完后，她表示，很高兴他们能加入这个部落。他们则说这是自己的荣幸。

“秃鹫呢？”阿约问道，“他也光顾过这里吗？”

“噢，是的。”莱娜说，“不过它没造成任何损害，他当然想了。我们所有猫鼬都是一般部落里所谓的‘保安’，因此当一组猫鼬发现秃鹫时，他们会尽最大声叫喊，所有人都听得到，我们会跳进洞穴，就是这样。袭击过后，赛图会带领一组帮过忙的猫鼬研究改进我们安全环境的主意。你们该跟他谈谈，让他给你们解释一下，他很乐于给人解释。我们已有一阵子没看到秃鹫了，肯定有可以让他少费力气少受挫折便吃到肉的其他地方。”

另外一只猫鼬叫了莱娜的名字，她道歉离开去查看一位显然病了的部落成员。

纳迪亚有一肚子问题要问，却不知从什么地方开口。不过，她、阿约和马特首先找了些食物吃了然后睡了一觉。醒来后她立即打听该如何约见莱娜，得到的答复却是被人盯着看了半天。“直接去跟她谈就是了。”每个人都这么答复她。于是纳迪亚就照做，直接找莱娜。

食物分享与其他非凡主意

纳迪亚了解到这个部落成立才几个月。部落是由莱娜和不满原来部落运作方式而从原大部落里脱离出来的七只猫鼬建立的。现在他们按自己的方式运作这个部落。

为了方便纳迪亚他们更好理解这个部落的运作方式，莱娜鼓励纳迪亚出席当天下午食物分享团队志愿者们的会议。她照做了。

塔姆到得有点晚，小组成员们早已在会场大树下的树阴里舒舒服服地坐好了。“抱歉我来晚了。”塔姆说。

“没什么，”一位成员说，“我们刚才谈了希望由谁来领导这个团队。”塔姆发现所有眼睛都望着自己，都是些友好、鼓励的目光。不过，这还是让他有点不自在。

“你们的意思是……？”他问。

“是的，塔姆。”一只猫鼬说道，“我们希望由你来领导这个团队，你愿意接受吗？”

一时有许多想法和焦虑的感觉涌上他的心头。不过这是快乐的一刻。在自己原来的部落里他从来没担任过任何重要角色。而且在他的家族部落分崩离析之后，他也曾游荡过，孤身一人，担惊受怕地寻找一个新家。“我愿意接受。”他听到自己说出了这些话。有几只猫鼬拍了拍爪子。

在会议其余时间里，他们讨论了成功的食物分享计划该是什么样子，如何使部落看到这一愿景的优点，以及该采取什么措施将其他猫鼬动员起来以便尽快把这一方案付诸实施。

“难道我们不能直接命令让大家分享食物吗？”一只新加入的猫鼬不耐烦地提议。但另一只说：“在我们部落里，谁也没有权命令其他猫鼬做事，那不是我们这里的行事方式。”

这位新成员眨了眨眼。鉴于他加入这个组织以来的所见所闻，对此他并不感到很意外。不过，这毕竟是相当激进的行事方式。

关于如何实际运作食物分享方案来来回回地

讨论了多个回合，直到有猫鼬最终建议说：“算上最新加入的三位，我们部落里共有十五只猫鼬，这样我们就有三个五人组。要不我们这个五人组直接开始分享找到的食物试试如何？”

在没有更好想法的情况下，他们认为这个主意值得一试，于是就这样开始了食物分享试验。

第二天，他们围成一个半圆坐在一起，所有人都把自己当天找到的食物放在一个盘子里，这个盘子是一只猫鼬用树叶装饰一块中空的树木做成的。没过多久，怀着好奇心最先参与这个计划的猫鼬们就赶到了这个比较怪异的现场，有的猫鼬已经是饥肠辘辘了。接下来，有八只猫鼬来到现场分享他们找到的食物；再后来，十只猫鼬加入了这个计划。纳迪亚想，当天从盘子里拿食物的猫鼬第二天会加倍努力找食物并把食物带回家参与部落合餐计划。没有谁想记数或保存记录，或看来有这个打算，不过与开始食物分享计划之前相比，这些猫鼬找到的食物数量增加了，而不是减少了。

第二次会面的时候，五只参与食物分享计划的猫鼬庆祝他们计划的成功。莱娜加入了他们庆祝活动，祝贺他们的远见与取得的创造性成就。在随后许多天里，她会故意在不经意间不断提及自己为那些加入团体合餐分享食物的猫鼬们感到骄傲。

纳迪亚很喜欢自己看到的一切。仅仅过了几天，部落里的两只幼崽便在某种意义上把她看作“大姐”了，喜欢尽可能多地跟她待在一起。她也很喜欢跟幼崽们在一起，不过她得首先征得那些正式照看幼崽猫鼬的同意。她得知没有人负责，因为这里没有她所熟悉的那种“工作”意义上的照管人员，没有领导或保安，没有家族首领。有那么一只猫鼬主动提出照看幼崽长大，他欢迎纳迪亚跟他一起照看幼崽。两只猫鼬开始偶尔会面，分享哪些方式在工作中最有用，哪些无用，以及如何更好地帮助幼崽们成长。

与此同时，阿约也在四处查看周围安置岗哨的理想位置，他很快便想出了五六个改进保安工作的主意。一些比较年轻的猫鼬对他讲的故事和他做的事情非常着迷，要求他对他们进行保安技能训练，他很乐于接受训练他们进行保安工作的任务。

马特检查了一遍洞穴，发现保养得不怎么样。跟莱娜讲了这事后，她很开心地请他找几位志愿者一起看能做些什么，于是他便着手去做。

塔姆则歪打正着地撞上了一个有巨大潜力的绝妙点子，这个绝妙点子便是一堆硕大无朋（对他而言）的大象粪便。

清理了自己的爪子后，他注意到这堆粪便里有数以百计的白色小昆虫，说有数千只的话是有点夸张。他检查了几只，用沙子擦干净后尝了尝，刚开始他非常郑重其事地皱着眉头，然后他的脸色迅速明朗起来，因为他发觉这虫子非常美味多汁。然后一个念头进入他的脑海：要是把大象粪便收集起来搞一个类似于小虫子食物农场的东西来补充食物采集之不足会如何呢？这会是解决大家当前面临食物问题的一个方法吗？

塔姆把自己的想法告诉了其他猫鼬。不过几乎没有谁对这种培育自这种“你懂的”地方的小虫子感兴趣，更不用说帮忙把大象粪便团成球然后滚到指定地点并创建农场这种活了。那些对此不热心的猫鼬被告知：“没关系，不愿意就不必勉强去做。”

自然，大多数猫鼬都没参与食物农场建设。

不过，没过多久，便有几只希望把这个主意转化成现实的猫鼬志愿者过来帮忙。他把这一消息告诉了莱娜，莱娜以她惯常的乐观鼓励他们把这个计划进行下去，鼓励他们在尝试中学习并不断改进。

这个新养殖计划里还有很多东西有待发掘，有待了解，而那些希望帮忙的猫鼬们加快了事情的进展，他们的第一次“收获”就这样被摆上了食物分享盘里。尽管一开始时都很谨慎，不过越来越多的猫鼬们开始尝试并喜欢上了这种新的食物。

纳迪亚密切关注着这一切的进展。对这一切都感到不可思议：新主意提出、获得支持、付诸实施的速度实在让她看得眼花缭乱。猫鼬们在新主意中投入的热情、合作程度以及付出的精力无一不让她深有感触。她在心中不停把自己生来所熟知的情形加以比较。这里的一切与自己离开的地方是那么迥异，然而同时这里又运作得这么出色。她那好奇的天性一直在问：可这是为什么呢？为什么？

于是她去见了莱娜。

圆圈 v.s. 方框，有意为之 v.s. 别无选择

“莱娜，维系这个部落的是什么？是什么使得它这么……”纳迪亚一时想不出用什么词来形容“有活力”与“有创意”这种情形。

经过一番思索后莱娜在沙地上画了些在人类看来像是太阳系的圆圈，有一个太阳，几颗行星以及数个卫星。

“在中间，”莱娜说，“是每周会面的小组，我们在这个小组里讨论我们代表什么，我们希望

成为什么样子，以及这个部落所面临的核心事项。我想，将我们维系在一起的是我们的兄弟姊妹情谊吧。在我们这里不可能失败，除非你连尝试都不愿去试一试。”

“每只猫鼬都可以参加那些周会吗？”纳迪亚问。

“在我们还只是十来只猫鼬的小部落时是这样的。现在有越来越多跟你一样的漫游者加入我们部落后，我想，终有一天我们将鼓励大家以其他方式贡献力量。看来似乎并不是所有人都喜欢思考大问题这类艰苦活动，更不用说听其他人——所有其他人讲他们的观点了。”

纳迪亚指着面前太阳系图里的行星和卫星问，“所有其他这些圈圈代表什么呢？”

莱娜点了点头说：“在今天，一个代表我们的昆虫农场，由塔姆发起；一个代表照看幼崽，是你发起的；一个是组织食物分享计划，现在由阿伦达负责。”

她又在阿伦达的圆圈周围画了几个圈。这里的每个小组里都在进行着多项活动。“我没办法同时盯着这么多项目，我想我甚至连去盯住这些项目的念头都没有。这些活动的领头人是……呃，可能是任何人，他们的热情与远见常常使我感到意外。”

“正如你看到的一切，每一组都会挑选出各自的领导。只要你愿意，你可以加入任何一个小组。”

纳迪亚看着这些图，心里思索着莱娜的话。以她自己的生活阅历很难理解这些，不过这一切却非常有道理。

拂晓前，又有两只漫游猫鼬来到了这个部落，他们的部落被一只秃鹫摧毁，又加上闹饥荒，使得他们背井离乡。他们在这里的所见所闻带给他们的惊奇丝毫不亚于纳迪亚，其中一只立即出去寻找还留在部落里的其他猫鼬伙伴。

就这样，莱娜的部落不断壮大，而且壮大势头很迅猛。有了安全感，食物充足再加上心情舒畅，部落里很快便添了几窝小猫鼬。这个部落的名声不胫而走，其他漫游猫鼬慕名找上门来。纳迪亚到来时部落里原先只有十二只猫鼬，猫鼬数量很快增加到二十，然后以令人瞠目结舌的速度增加到三十。

纳迪亚、阿约以及马特很快便成了部落里的重要成员。不过，跟已在这里找到生活目标的马特与阿约不同，纳迪亚知道自己必须尽快赶回家把在这里学到的一切教给大家：

关于领导，关于热情、远见、志愿活动以及创意——摆脱所有框框、线条、程序以及长老、首领和头领，关于如何以惊人速度应对全新及未知挑战。

莱娜的部落继续快速壮大着。然后，它的部落成员数量增加到五十……这便是问题开始的地方。

4 第四章 Four Chapter 情景再现

“阿约、马特，看看周围，生活待我们不薄。即使经历了一场旱灾，我们仍然添了三窝崽，而且几乎每天还有新猫鼬加入。也许你们担心过头了。”

规模膨胀之后，问题又来了

马特着手绘制一份内容详尽的洞穴地图。这份地图将显示哪些区域的洞穴得到良好保养，哪些地方缺乏足够的地下洞穴以满足日益壮大部落的需要。他找到了几只对洞穴测绘、计算以及设计等智力挑战跃跃欲试的猫鼬。不过，当他在征求志愿者帮助挖掘以及清理洞穴、每天早上八点整集合时，得到的响应却寥寥无几。

“每天早上八点整？早上八点哪？我很想帮忙，不过……”

“按详细计划挖掘、清理洞穴？呃，马特，我对这方面确实不在行。”

在阿约的帮助下，马特还尽自己所能标出了保安岗哨安置地点。猫鼬们对保护同伴极为上心，不过做起来却是三天打鱼两天晒网的。跟马特在组织挖洞时遇到的情况一样，尽管一些猫鼬很乐于帮助阿约规划保安工作，但真正愿意按规划去执行、值夜哨（“太无聊了吧！”）以及听从命令的猫鼬却……寥寥无几。

阿约和马特于是去见莱娜。

“我们对部落的安全感到担忧，莱娜，我们部落大到了足以引人关注的规模，要保护这个部落，我们需要至少三只，最好四只训练有素的保安日夜值守。而且保安必须安置在合适的地点，因此就必须严格遵守计划，原先的‘人人为大家’的理念行不通了。”

莱娜认真地听马特描述猫鼬们不按时到洞穴挖掘与清理场地的问题。然后她说："阿约、马特，看看周围，生活待我们不薄。即使经历了一场旱灾，我们仍然添了三窝崽，而且几乎每天还有新猫鼬加入。也许你们担心过头了。"

不过，尽管她没说什么，但莱娜也开始注意到有些该做的工作没做，或没有每天都高质量地做好，这令她越发忧心忡忡。她希望马特和阿约

在保安与挖洞方面更多负起领导责任，去理清现有问题。不过她并不打算批评他们以免打击他们的投入感与热忱，因此，她就作了一番以相信自己为主题的演说。

在第二天的周会上，莱娜谈了部落的理想。跟往常一样，她的话很激动人心，不过问题在于，来听她讲的都是不需要这种演讲的猫鼬。而且因为这种会议是“想来就来不想来就不来”的活动，因此最需要这种演讲激励的猫鼬反倒没有来听。

在随后的几天里，部落里老成员与新加入成员、像马特的猫鼬与不像马特的猫鼬、乐于奉献与只知索取猫鼬之间的关系日益紧张。

而所有需要在几十只猫鼬中展开某种形式协调的工作呢，不是没有猫鼬去脚踏实地地做就是各个小组里都在进行无休止地讨论，而参与讨论的各猫鼬都对无法推动完成任何事而日渐心生倦意。即使那些有意帮忙的猫鼬通常也对该做些什么茫然无知，或把大量时间与心思花在只需要按别人早就知道的方式完成即可的任务中。

纳迪亚、阿约、马特以及塔姆找到莱娜，对她说需要跟她谈一谈。当莱娜问他们有什么烦恼——显然有事情让他们烦恼——她听到的说法是这样的：

* 围绕着昆虫农场的新鲜劲一过，塔姆便发现越来越难找到足够的人手来做日常维持工作了，这实在不是件令人开心的事。他独自在经营农场上花费了无数个小时，现在他开始感到有些倦怠了。

* 纳迪亚报告说，有些自愿帮助看护幼崽的部落成员压根就不适合干这种事。不过该由谁来告诉他们呢？谁有权力去告诉他们该怎么做呢？

* 马特向莱娜及其他猫鼬解释说，尽管他尽了最大努力，但洞穴的保养状态依然不佳。没有哪只猫鼬对此上心，或明显表现出有挖掘保养这些洞穴的技能。

* 阿约也说：“你是知道我对安全与保安工作的想法的。”

抱怨就更多了。莱娜听到这一切，叹了一口气说：“我带着一些朋友创立这个部落之际，我们设想的是，每一只猫鼬都身兼服务与领导之职。我们大家心中所共有的是一种深切的期望，每天把每个人最好的一面呈现出来并做到极致。”她长长地顿了一顿说：“你们觉得这值得我们这么做，并且我们能做到这点吗？”大家慢慢地点了点头，似乎在说：“呃，是这样的，不过……”莱娜接着谈了她对这个部落的信心，并且相信其顽强的精神将有能力克服这些似乎与成长壮大自然而然相伴而来的问题。

与莱娜谈完后，纳迪亚、阿约、马特以及塔姆多了些许乐观，心里对莱娜再度把大事化小、提振人心的能力感到好奇。

雨水姗姗来迟

在随后的日子里，马特常找纳迪亚聊天。越研究这些洞穴，他就越发感到惊恐，因此，当天晚上他没能睡好，一直醒着思索该如何解决这一问题。刚听到啪啪声时，他没有马上意识到是什么。接着这种噪声越来越大，然后变成了呼啸声。

雨水终于来了。

马特跑了出去，看到干燥的土地迅速把倾盆

而下的大雨吸收干净。不过，不久后土壤吸收速度跟不上雨水降落速度，地面上出现几个数寸见方的小水塘。马特不是一只容易恐慌的猫鼬，不过他不需要多长时间便得出了显而易见而又令人惶恐不安的结论：不久后，水就要涌进洞穴里。有些洞穴保养状况不佳，遇水肯定会塌陷的。

“雨来了！快醒醒！快跑！”他一边大声喊叫着一边飞奔进自己的洞穴。

有些猫鼬反应迅速，很快便往外冲，拉着对发生在周围一切茫然无知的猫鼬幼崽们往外跑，因为他们在自己年轻的生命中还从未见过雨。马特奔到另一个洞穴里发警报，不过为时已晚，这处洞穴已经坍塌，雨水迅速涌入，还在里面睡觉的猫鼬们被围困住了。

“救命！救命啊！”马特大声呼救。几只猫鼬迅速围拢过来，开始合力挖掘一条新通道。马特通过自己平日里的观测知道最快抵达被困猫鼬处的路径，不过他不清楚猫鼬们是仍然待在主洞里还是已撤退到依然完好的侧道中。当最终从洞穴中听到惊慌失措猫鼬们的尖叫声时他们知道自己的选择没错。此后不久，被吓得半死的伙伴们便感激涕零地抱住救出他们的猫鼬们。

听到两边传来更多呼救声后，马特推开一只

抱住他的虽然欣喜若狂但依然惊魂未定的猫鼬。

“加把劲！”他冲身边的猫鼬们大喊，“还有很多活儿要干呢！”

在几只猫鼬的帮助下，奋不顾身的马特一次次救出了一只又一只猫鼬。他又救出了六只猫鼬，不过此时洞穴里已是一片狼藉。系统性保养的缺失已显露出它的弊端。

当晚有七只猫鼬死去，幸免于难者则蒙受重大精神打击。

第二天，猫鼬们或独自坐着或三三两两围坐在一起小声议论着。空气中弥漫着伤感与悲恸，更有甚者，过去数周里积聚的紧张情绪终于找到了宣泄口喷薄而出。一时间大家郑重其事地开始寻找事件的罪魁祸首。

最先加入部落的一些猫鼬们述说着部落还没发展到今天这个规模时的旧日好时光，那时所有猫鼬都发自内心地关怀其他猫鼬，他们指责那些新入伙的猫鼬造成了今天这些问题。“今天的部落已不再是以前那个部落了，问题出在他们身上！他们必须离开部落！”

“奉献者们”则指责那些只讲漂亮话却从来都不真正每天出工出力。“我厌倦了为其他人打掩护的做法了，这种‘有志者事竟成’的主意简直是胡扯，跟现实完全脱节！”

其他猫鼬则在争论是否需要有个人出面掌控当前这种混乱局面，用铁腕手段加以整治，恢复秩序。

莱娜也在这些猫鼬之中。不过她竭力不表露出自己的想法，她对自己的部落运作愿景落空感到震惊，心中对发生的一切感到不解。

纳迪亚的信心再次动摇了，世界在她眼前崩溃。她的双腿连迈步的力气也没有了，于是她坐下来。时间流逝。一个小时？两个小时？无数个想法在她脑海中掠过，大多数都是迷茫、悲哀或泄气的想法。

她在短时间里学会的关爱，所有这些精力、热忱、愿景以及领导艺术，甚至从部落里年幼猫鼬那里学到的东西，她慢慢开始认为是一种管理部落更优越的方法……彻底崩溃了。

可原因何在呢？她脑海中浮现出刚来时这个小部落里寥寥可数几只猫鼬的情形和现在这个发展壮大后部落的情形。她想到了她大哥和马特视为不可或缺的纪律、结构以及规则在这里全然不见踪影　　而且对他们不利吗。不过那种猫鼬管理在故乡部落里已经失败了！

这时，“灵光一现、计上心头”这一经典情形又来救场了。

5 第五章 拯救部落

Five Chapter

“你见过一只在所有方面都具有出众天赋的猫鼬吗？反正我是没见过这样的猫鼬，不过我们有时候会通过群策群力取得不少成就。”

新理念

第二天早上天清气朗，阳光明媚。纳迪亚的不快情绪也一扫而空。

“莱娜，我们得谈谈。”在一棵聚会树下找到部落创始人后她开口道。

情绪糟糕透顶的莱娜示意纳迪亚坐下来。纳迪亚看着她说：“你是一位令人称奇的领导，莱娜，你真的很神奇。”

莱娜的目光游移不定，后来她盯着自己的双手看。“你很善良，纳迪亚，不过在当前情形下……”

纳迪亚用手轻轻地碰了碰这位新朋友，直到她再次抬起头来。“你是我一生遇到的最能够带给人启迪、最愿意提携人的领导，这是毫无疑问的。”

两只猫鼬就那么互相对视着，莱娜轻声说：“谢谢你，纳迪亚，你这些话对我意味良多。”

“我们刚加入这个部落时，”纳迪亚接着说，“我立即就被这里的精神所感染，而这种精神正是你所培育起来的，它把大家最美好的一面发挥出来，还成就了像昆虫农场及食物分享这类了不起的项目，而且这一切还在这么短的时间里完成。”

“这不是我一人的功劳，纳迪亚。”莱娜轻轻地打断了她的话，“这是大家的理想，是我们共同的愿景，这个部落是由对这些理想与愿景怀有坚强信念的一帮猫鼬走到一起建立起来的。我想，这一切都是大家排除万难的精神与创造力做到的，而我所做的就是在这里或那里时不时给面临困难与挫折的大家打气与鼓励，促成这种精神与创造力以及适时帮一下手。”

莱娜当晚几乎没怎么睡觉，一直在思考出现这些问题的原因所在。不过纳迪亚有一个更加一针见血的问题。

“这个部落从什么时候开始”——纳迪亚迟疑了一下，然后毅然问道——“四分五裂的？”

即使莱娜觉得受到了冒犯或觉得这个问题有些咄咄逼人她也没有表现出来。“事后看来，”她说，“可能在我们部落猫鼬数量达到三十只左右的时候吧，或许一个部落里猫鼬数量超过二十五只便无法成就一个伟大的部落吧。”

纳迪亚慢慢摇了摇头，这一切听上去合情合理。

“我出生的部落里有一百五十只猫鼬！但我

们的洞穴却一次也没坍塌过，或出现哪个岗哨无人值守的情况，或出现照顾幼崽的猫鼬不能胜任的情况。每只猫鼬各司其职为部落做出各自的贡献并赢得成为部落一员的权利，大家在各自岗位上都做得很出色！”

纳迪亚在沙地上画出了莱娜的圈图。“这些圈和圈背后的原则无法实现这一目标，它们能够激励我们以极大热忱采取行动以及进行创新，有时候行动和创新的步伐快得惊人。不过，我看不出它们如何能够确保一个大的部落保质保量地完成日常例行工作。”

接着纳迪亚又在莱娜的圈图旁边画了些线条和方框，把不太久以前从尼古拉斯那里听来的关于猫鼬管理那一套复述了一遍。

莱娜认真地听着，看着这些新添加的图表，她的双眼显出非常投入的神情。在纳迪亚讲这些的时候她不断轻轻地点着头。从她的表情就可以看出，她在消化这些新理念，或至少在以极大努力尝试消化这些新理念。

在莱娜听来，纳迪亚讲述的大多数内容跟自己出生然后离开的那个部落并无二致。不过纳迪亚的方法更有逻辑性、更复杂，同时也少了些任意性，这里面没有显而易见的愚蠢规则以及本来就不该存在的管理者。

当纳迪亚结束了尼古拉斯式的演讲，莱娜手点着泥土上的两个图，心里想着纳迪亚接下来该会讲哪个，她问："不过，他们之间的差别这么大，两种怎么可能整合在一起呢？"

纳迪亚想了一会儿。"莱娜，你现在接受创新性想法，接受新的、甚至是听起来有些疯狂的想法吗？"

"希望如此。"莱娜回答道。

纳迪亚睁大了双眼。“希望！你当然会了！不过，你有足够的纪律与规则来完成事情，不是这样吗？”

莱娜顿了一顿说：“尽管比不上我所认识的某些猫鼬，不过，事情是这样的。”

没过多久莱娜便从自己的回答中看出了问题症结所在。“你是说如果一只猫鼬能够做到既有创意又有纪律，那么至少在某种程度上为什么一个部落就做不到呢？”她手指着这两个图说。

纳迪亚点了点头。

“不过，如果要我整天做你口中的‘管理’的话，我觉得我会崩溃，或者疯掉。”莱娜说。

“你为什么一定要这么做呢？”纳迪亚笑了笑说。“你见过一只在所有方面都具有出众天赋的猫鼬吗？反正我是没见过这样的猫鼬，不过我们有时候会通过群策群力取得不少成就。”

一时各种思想一齐涌上莱娜脑海。关于如何糅合两种不同类型的部落，如何在汲取两者好处的同时革除两者的弊端，她有许多疑问却苦于无处求解。不过，她一生中从来就不曾渴求得到全部问题的答案，她所需要的只不过是一个有着光明前景的方向。

“你愿意帮我把这个理念付诸实施吗？”

纳迪亚一时难以回答。她说：“我做不到，莱娜，我不是帮你实现这一理念的完美伙伴。而且我还必须赶回我的出生部落，告诉他们我发现的一切。我希望你明白我是多么关心你以及这里的每一只猫鼬，不过至少我得尝试一下帮帮那些养育了我的猫鼬们，我也很想念我的大哥，而且，这里你需要的东西都已齐备。”

纳迪亚四处望了望——很快便找到了她要找的东西。莱娜顺着纳迪亚的目光看去，也看到了。

“你是说马特？”莱娜问道。

“当然，他是一名了不起的管理人，而且很聪明，能够理解这一理念。”纳迪亚指着这两个图。“再者，他非常尊重你。”她加了一句，“而且，看来你也尊重他。”

两只猫鼬沉默了许久。然后莱娜开口道：“可是我从来没见过这样运作的部落，你见过吗？”

纳迪亚笑了，“你曾经见过昆虫农场吗？”

两只猫鼬都不说话了，然后莱娜也笑了。“你什么时候动身？”她问。

“今晚。”纳迪亚回答说。

莱娜叹了口气，不过很快就又露出她最温暖人心的笑容。“祝你事事顺利，感谢你所做的一切，你想回来的时候请一定回来，这里始终欢迎你。”

她们久久地抱在一起，然后纳迪亚便离开了。

大机遇

“我一定要跟你走。”阿约说。

“可你在这里有着大用处呢。”纳迪亚回答说，“而且我觉得你能帮助莱娜和马特，在这里你有着非常美好的未来——”

他打断了她的话。“如果在你回家路上有什

么不测，我的未来一定很糟糕。还有一点，不知道你注意到没有，我发现没有你在身边我根本不可能觉得开心！”心绪不佳的阿约说，声音大到自己都吓了一跳。

纳迪亚停顿了一下，有些诧异地看着阿约，然后满面笑容地说：“好吧……”

“那我们接下来做什么？”他问。

她思考了一下，“我们还是选择在晚上赶路，天　黑我们就在部落会议树下会合。”

他点头表示同意。

纳迪亚接着说：“现在我要去跟朋友道别，同时邀请有意跟我们同行的猫鼬一起走，你也去跟朋友们道别并邀请愿意跟我们走的一块走。”

他的确照她的话去做了。太阳落山不久，在一番番依依不舍的道别后，两只猫鼬带着几只出于各种原因愿意跟他们同行的猫鼬上路了。

他们一行猫鼬一路向东，不久便走完了先前纳迪亚和阿约曾走过的路。他们穿越了部落曾经的所在地，现在已是物是人非，没有猫鼬，一只猫鼬也没有。这里的景象令人伤感。

“我们得加快行进的步伐。”她说，于是小小的猫鼬团队加速前行。

第二天早上，他们看到了一队漫游猫鼬向他们靠了过来。走到近处时，纳迪亚发现这些猫鼬并不是真正的漫游者，这是尼古拉斯带着他手下的几只保安猫鼬！

兄妹重逢，他们迎上去紧紧地拥在一起。这一重逢令大家倍加感慨——深切的关爱之情、看到彼此平安后心中如释重负。不过，重逢不到一分钟尼古拉斯又站直了身子，他的怒气就如火山喷发般地发泄出来。

“你为什么要走？你去了什么地方？让我担

心得要死！”他注意到跟纳迪亚和阿约同行的一群猫鼬，问道：“他们是哪里来的猫鼬？”

纳迪亚说：“我会向你详细解释一切的，不过先告诉我部落里发生了什么事情。”

于是他一五一十地讲了部落里出的事。秃鹫袭击加上旱灾肆虐，接着一场沙尘暴把早已疲于奔命的部落堵在洞穴里达两天之久。他们没有这方面的程序，缺乏在面临其他前所未有的问题之际同时应对这种长达两天之久沙尘暴的程序。在部落无力解决这些问题再加上出现新的危害令饥饿、愤怒、焦虑问题日益严峻，这一状况先是遏制了部落的壮大，然后令其规模不断萎缩。

“我们取得了一些成功，并不全是失败。我们已学到了应对秃鹫的一些方法。”尼古拉斯说，“慢慢地，现在生活有了起色。”“慢慢地”一词听来充满痛苦、愤怒以及挫折感。

尼古拉斯转向阿约说："几周前我从一个保安那里听说了你的树顶瞭望法。我已成功地在很多时间里将其应用到保安工作中，不过还没有在全部保安工作中实施起来。"尼古拉斯有点尴尬地介绍，因为不知出于什么原因有些保安并不始终如一地遵守他的指令并按新方法行事。"你的想法的确起了作用，阿约。"

阿约开心地笑了。知道自己的创新最终在部落里派上用场起到作用几乎令他欣喜若狂，不过他没有表现出来。

旱灾大体上已经结束，不过，这种失败感使得一位长老（莫罗）、尼古拉斯以及两位家族首领深感忧虑。他们在哪些方面做得不到位呢？更令人担忧的是，部落里的某些成员似乎抱有这种想法，既然极端危机已经过去便可高枕无忧，就好像对经验进行反思并不重要一般。

“我想我们已经有了解决方法了。”纳迪亚回复她的大哥。

他睁大了双眼。“不是骗我吧？”

“真的不骗你。”

“跟我详细说说。”

“晚些时候再说吧。”纳迪亚说，“我不知道大家怎么样，不过赶了一夜的路后，我现在又饿又困，要先吃点东西再睡一觉。”

纳迪亚四下看了看，看到同行的漫游者眼中明确的同意表情。不过，在大家四处寻找嘎嘣脆的昆虫、蝎子等东西填肚子以前，她说：“我们仍然还有很长的路要走，我们都需要尽可能恢复体力。我们的行进速度只能以走路最慢的猫鼬为限，从我们刚离开的部落里我们学到了把超出自己绝对必要之需食物分享出去的做法。”

尼古拉斯和他手下保安们的脸上现出了不解

的神色。

“我的朋友们会把抓到的食物带过来。”纳迪亚说，“跟那些运气不佳未能找到食物的伙伴分享，如果你们也有此意，你们也可以这么做。”

对于尼古拉斯和他的保安来说，这是一个很激进的主意。他的保安望着他寻求指示，他微微点了点头，几乎难以觉察。不到一个小时大家都回来了，各自或多或少地分享着收获，谈论着，甚至偶尔还有笑声。

小睡过后，尼古拉斯从休息的洞穴里爬了出来，看到纳迪亚早已在一棵树下坐定。“你怎么样？”他问自己心爱的小妹。

“再见到你我太开心了，我好想你啊。”她顿了一顿：“我需要把自己了解到的东西向长老们、首领以及……这么说吧，向整个部落解释，可是我却不确定该如何做才好。”

“先跟我讲讲当成开头如何？”尼古拉斯一边小跑到她身边一边道。跟纳迪亚在一起时他的脸上始终有种敬重的神色，不过，如果仔细看，你会看到有些怀疑——他的小妹竟然能够找到应对极端困难局面的神奇解决方案。“如果你能够说服我，那么说服其他猫鼬就不会那么困难了。”

于是纳迪亚就开始向尼古拉斯讲述：“你是一个了不起的管理者，事实上，是我见到的最出色的。”

当然，他感到很开心。

“我们部落里还有些猫鼬至少是优秀的管理者，不过……”纳迪亚停顿了一下。“你认为我们部落从什么时候开始出现问题的？”

他考虑了一下这个问题。“我猜，”尼古拉斯回答说，“我们开始面对秃鹫、蛇越来越多以及旱灾出现之际，这一切发生得太快太突然，连跟这些灾害比较相似的事情我都没见过。”

纳迪亚碰了碰尼古拉斯的胳膊说：“莱娜的部落——也就是我这段时间一直待的地方——也得或多或少应对同样的挑战，他们在至少一段时间里做得极为出色，充满创意、行动迅速，真让人感到神奇。”

她在沙地上画出尼古拉斯以前画过的图案。“我们的方框与线条，首领、头领与长老，规则与程序，措施与百分比，这一切都无法取得他们所能够取得的成就，或至少我看不出有什么办法做到。我们的生活方式是基于帮助一个大型部落……有序运作而组织起来的。其目的在于按预定方式运作日常工作，而且这种运作是全年无休止的。现在我清楚地意识到，这种事情不会自动发生。在一个有着五十或一百或二百只猫鼬的部落里，你必须有精明的头脑、严明的纪律才行。

不过，大哥，请原谅我，我们这里所擅长的运作方式却在应对几乎所有新出现的、意料之外的事情时效果都极糟糕，尤其是当许多这类事情一起在短时间里发生时更是如此。”

尼古拉斯觉得面子上有点挂不住，不过鉴于他近期所经历的事情，他实在想不出什么话来反驳她。

接着，纳迪亚开始在沙地上画出莱娜的圈圈，并向他解释自己从那里学到的那种生活运作方式。她花了很多时间谈论有关领导方法的事情，不只是适用于长老的领导方法还包括适用于所有人的领导方法。他认真地听着，尝试将听到的东西全部吸收进去——不过这有点困难，以前他从未经历过类似事情。

然后她又用线条把两个图连接起来，把两幅图表连接成一个。

在接下来的几个小时里，他们一直在不停地谈论。尼古拉斯问了很多问题："不过究竟应该由谁来执掌呢？如果我的一位保安去跟进其中的一个'计划'而不去值守岗哨该怎么办？我们没有足够猫鼬人手来填满这些工作岗位。"纳迪亚竭尽所能回答这些问题。不过，说实话，有时她只是进行一些逻辑推测而已，因为她也从未见过自己画在沙地上的流程实际运行过。

尼古拉斯一直盯着远处，他妹妹问道："你在想些什么？"

他转身面对着她，心里拿不定主意是否应该把自己想的对她说出来。纳迪亚坚定地说："现在没时间了，不要因为你觉得我接受不了真相就对你的小妹说谎。"

尼古拉斯深吸了一口气说："跟我共事的家族首领和小组头领们，至少是其中多位吧，以及至少一位长老，会认为你的想法将带来混乱，这是非常合乎逻辑的。他们会觉得让一只没有经验的年轻猫鼬执掌重要项目并取得成功是完全不切实际的，他们永远也不会批准这些活动的"——他指了指这些圈圈——"缺乏明确的主管人员以及说明执行小组是否会成功的措施。即使强推给大家，长老们、家族首领和小组头领们，至少其中少数几个会出于本性而试图对其加以控制，或直接毙掉它，他们……”

他不再说下去了，因为他看到自己妹妹脸上开始现出打退堂鼓的神色，或许他把这些想法告诉她本身就是个错误。

纳迪亚深吸了一口气，闭起双眼。当她再次睁开双眼时她对大哥说：“我们部落现在状况是蒸蒸日上、不断壮大吗？我们部落在应对沙尘暴危机方面做得怎样？你觉得朋友们生命很安全而在夜里高枕无忧吗？部落现状是否符合你的希望与梦想呢？”她顿了顿，然后说：“如果我们需要不同的结果，那么是只要按已往做法继续，只是需要加倍努力就可以达成的吗？”

尼古拉斯一声不吭地盯着地面好长一段时间。接着他深吸了一口气，胸脯舒张开来。他抬头看着自己的妹妹只说了一句话：“我们还有非常重要的工作要做。”

当晚，他们一起行路，第二天早上他们抵达了自己的部落。

糅合两种截然不同的工作方式

在纳迪亚忙着安抚那些围绕在她身旁的幼崽们之际，尼古拉斯立即着手开始行动。他向平日里对自己的要求几乎有求必应的三位资深猫鼬简要解释了一下，要他们：一位长老（莫罗）和两位家庭首领，去找他妹妹。三只猫鼬都觉得尼古拉斯讲的事情有些难以置信，不过他们还是听他讲完。

在问了一个又一个问题后，其他猫鼬看向莫罗，看他怎么定夺。这只猫鼬长老盯着广袤的沙漠，沙漠似乎无穷无尽地延伸向远方。“部落里大多数猫鼬似乎都觉得我们的生活正在复原，生活不久将会恢复正常。”他的脑袋慢慢地从一个方向转向另一个方向。“可是我却不这么看，一直以来有些迹象，也许不是那么鲜明的迹象，表明我们所在的世界正在发生变化，而且这种变化是永久性的。如果这一想法属实……”

第二天，莫罗对他的长老同僚——马拉讲了要召集一次全体首领和头领会议的想法，说同时邀请纳迪亚参加。马拉吃惊地看着自己这位长老同僚，就好像他跌倒摔坏了脑袋，有点不正常似的。听一只没经验而且还曾经抛弃过部落的年轻猫鼬讲？不过莫罗的话语虽轻，语气却异常坚定。对这些事情提不起兴趣但又不想挑起争执的马拉最后同意了这一提议。

就这样纳迪亚向莫罗、马拉以及全部首领和

头领讲了关于以某种形式把两种截然不同工作方式糅合在一起的理念。

有几只成年猫鼬聚拢在离首领们开会地址不远不近的地方，试图听听这场极不寻常的讨论在讲些什么。猫鼬越聚越多，先是少数几只，然后是二十来只，不久，接近部落半数的成年猫鼬加上几只幼崽都围拢在首领们与纳迪亚旁边了。如果两位长老一起咆哮的话，只要一嗓子便会把这些猫鼬吓得四散跑开。不过尽管马拉不停地咆哮，却没有出现两位长老一起咆哮的情形。

莫罗宣布会议开始。“我们都极为关心部落里猫鼬的安危，绝不会再度让人家遭受突袭、饥饿或其他更严重危害袭扰。我们必须牢记，我们这个世界上不单只有猫鼬，还有许多其他东西会很开心地占领我们的洞穴，吃掉我们的食物，或者让他们逮住机会的话，还会把我们吃掉。我们不能只图安逸，不能指望只要每只猫鼬做好自己的日常工作或稍微改进一点工作就可以心想事成了。”

莫罗这些话是向与会的首领、头领和马拉讲的，不过他明显感觉到周围越聚越多的听众。他也完全意识到，事实上，自己讲的这些话深入到外围这些猫鼬的心里去了。

“你们中的许多猫鼬知道，这一段时间以来纳迪亚一直在四处漫游，她得到了许多或许很有趣的教训。我希望大家认真听她讲，帮助马拉和我本人把这事情想通想透。”

尼古拉斯在地上画了个带方框与圈圈的图表，纳迪亚开始讲述自己的漫游经历。她讲述了自己在途中遇到的各种部落，她讲述了最终遇到了莱娜的团队以及他们如何在面临新天敌威胁及缺少雨水环境下发展壮大的情形，她讲述了在部落成员数量发展到一定程度后的情形，由于这个部落缺乏自己出生部落所具有的技能——长老与首领所具有的技能——最终对他们的部落造成严重影响。

在提到“他们的关键技能”时，有几个首领与马拉都会意地点了点头。

纳迪亚接着谈了领导圈子，精力与热忱，志愿行动，为共同愿景努力的心情，创新与变革的意愿与能力，昆虫农场以及食物分享计划。她讲了那个部落是如何发展壮大——发展到某种程度——而与此同时包括自己出生部落在内的其他各个部落则在世界开始出现快速改变后苦苦挣扎的情形。

一些首领和头领以及马拉原来的点头变成了不解与怀疑的神色。

莫罗则全神贯注地听着，偶尔甚至还会说一

句“的确如此”——跟马拉正成鲜明对比。不过，即便是这里最有耐心的一个，莫罗对单纯谈论可能“怎样”或应该采取些“什么措施”也没有多少耐心，于是他开始追问该“如何做”。他们何以能够汲取这些教训，并以切实而不会超出他们可接受风险水平且以大家能够理解的方式推进呢？

如何实施呢？

“我们为什么不先以昆虫农场开始呢？”纳迪亚脱口而出。至此，部落仍然无法获得所需的全部食物。纳迪亚看得出，这既是一个大家每天面临的问题，同时也是一个机会，甚至可能是一个大机会，起到立竿见影的效果同时向大家展示与本部落做法截然不同的措施不但可行而且效果卓著。

尼古拉斯大力点着头，向自己小妹投去了鼓励的目光。

她解释了昆虫农场这一想法。有些猫鼬一时对此摸不着头脑，有些被吓着了，不过有少数几只理解了这个想法的实质，觉得这个理念有潜力成就一个了不起的项目。

两只猫鼬分别提了些问题，接着大家就开始了讨论。在讨论偏离了正轨时，纳迪亚说："我们都非常爱部落里的猫鼬，不会忍心让大家再度面临忍饥挨饿的境地。"这几乎就是照搬莱娜的话了，她站起身来的姿势也跟莱娜几乎完全一样。"我们不必建一整个农场，或建设一个完美的农场。我们只需要建设一个让大家认识到这个想法背后所蕴藏的真正机遇的农场就可以了。"

她的脸上现出因深深的同情心与坚定的信念

而泛起红润。“如果有足够多的猫鼬愿意给这个想法一个机会，我们可以一起筹划并加以实现。”她非常恭敬地对长老与首领、头领们又说了一句：“而这里的‘我们’需要由你们做起。”

一个头领语气坚决地说：“可我们自己手头就够忙了，分不出猫鼬来建设什么农场。”

纳迪亚点头表示同意。“没问题。这不是关于建设农场需要从你们其余小组里抽取资源的问题，我们看看能否找到几个志愿者，在完成其日常工作之外再来搞这个农场计划。”

这个头领翻了翻白眼，心里想，可是，实话说来，会有谁想这么做呢？不过，他大声说出来的话却是：“即使你的想法是行得通的，你的志愿者们又愿意长时间地工作，到某个时间点上他们会因为过度劳累而倒下并退出。这样一来，不但你的计划失败了，他们也做不好自己的本职工作。”

纳迪亚一刻也没犹豫地回答道：“我在莱娜计划中见到的情形是，如果猫鼬们累了或在其他地方太忙，他们可以随时退出而不是被累倒。然后，会有其他猫鼬志愿者来接替他们的工作，这并不是说莱娜或哪一个头领向这些猫鼬们施压，或者说这是他们必须要干到底的额外工作。我觉得这就是其中的全部区别所在。”

另一个头领立即加入这场讨论中，连珠炮似的问了许多问题：这怎样，那如何，那又如何？尼古拉斯真想走上前去给每一个叫得最响的头领脸上掴上一巴掌。不过，他知道，即使这样做也于事无补。

再说，纳迪亚确实不需要帮助，她知道自己没错，而且她的话也起效果了。她的双眼扫过全部猫鼬，然后告诉大家说：“我并不是说我们不会遇到一些问题，可是我知道，如果我们这里有足够多的猫鼬相信这个机会，相信它能够帮助我们创造出更完善、更强大而且更安全的部落，一个能够再度兴旺壮大的部落，那我们就要努力实现这一理想，不管——呃，不管任何艰难险阻。”

大家看着她。这时静得连树上掉下一片树叶的声音都听得见。在过去，这可不是年轻猫鼬该在各大首领面前讲的话，而且，这也不是大家不久前还熟悉的那个纳迪亚所讲的话。她变了。

显然，马拉和大多数首领、头领们却没有被她的话说服。不过，莫罗站起身来，站得笔直，坚定地说：“我觉得她这里讲的关于潜在机会的话是有道理的，我们大家都对部落以及幼崽的未来负有责任。如果这种责任要求我们调整我们的工作方式，即使作重大调整，那么我们就有责任采取行动。”

他停顿了一下，看了看整个会场，然后继续道：“质疑一个新想法困难吗？尤其是质疑一个与先前相比极为不同的想法难吗？”他停了好一会儿，接着说：“当然不难。”

他扭脸直接看着各首领、头领和马拉说：“难道环境变了就不需要想法上的改变吗，甚至可能是极端不同想法吗？”稍顿了顿后，他讲完了自己的想法：“唯一合乎逻辑的答案就是，环境变了想法就得变。”

莫罗不是莱娜，他们二者个性迥异，不过，他的话语里的坚毅却与莱娜并无二致。

这样一来，在莫罗表明自己的立场之后，尼古拉斯和另外一个头领拼命点头表示赞同，而在整个部落都在看着的情形下，其他首领和头领最终好像愿意给这种不同的东西一个尝试的机会——或至少不会加以阻止。

莫罗带着满怀希望同时又略存疑虑的笑容问道："谁愿意帮助实现这个昆虫农场计划？"这颇出乎大家的意料。

尼古拉斯以及曾教过纳迪亚的老师的手最先举了起来。与此同时，还有十来只凑得离会场近些听到了讨论内容的猫鼬也举起了手。

莫罗看上去略感意外，不过很开心。"很好。"他一反常态地说，"如果你们需要什么，告诉我一声。"然后，他解散了会议。

紧急事件、领导、志愿行为

第二天一大早，尼古拉斯去看纳迪亚。"下一步你打算怎么办？"他问。

她摇了摇头说："你不会指望我担起这一

切吧？”

“不会的。”他说，这听起来有点为自己开脱的意思。“我没那个意思。”他顿了一顿继续说，“好吧，也许我是这么想的，不过现在我明白你的意思了，我该做些什么才能帮上忙呢？”

“放出话去说你对这一个能够带来终结饥饿问题同时提高部落安全性的机遇很感兴趣，要顺便指出莫罗好像支持这个计划。此外，还要提及有意志愿参与昆虫农场计划的所有猫鼬要在中午时分到会场树下集合。我也去放出同样的话。”

尼古拉斯点了点头，纳迪亚又问道：“莫罗的做法让我喜出望外，不过为什么你会认为他看上去对这个计划有点支持的意思呢？”

尼古拉斯一直在想同一个问题。“他深切关心这个部落的盛衰，因此对近来发生在部落里的一切根本无法开心起来。不过我想，同样的话也可以用在马拉身上。”尼古拉斯歪着脑袋，显然在认真思索。“我能找到的唯一答案——不过这根本算不上什么答案——就是莫罗似乎本能地感觉到你的想法里有正确的成分，我说不准，无论如何，我们先把话放出去再说。”

他们马上开始行动。到中午时分，有十七只对把昆虫农场这一计划付诸实施存紧迫感的猫鼬出现在现场，另有少数猫鼬纯粹是希望实施些随便什么真正有点新意的计划。纳迪亚问谁愿意领导这一行动，即使是愿意引导有建设性讨论也行。这一点自然让大多数到场的原部落猫鼬们感到困惑，因为他们认为自然应该由在场两只猫鼬中的年长者负责了。不过纳迪亚向大家讲述了塔姆的故事，而阿约也帮助大家消除困惑，找出了一位会议引导人，然后就开始了昆虫农场计划。

他们似乎每天都会遇到新困难。挖洞头领命

令自己手下的两只在昆虫农场团队中表现十分卖力的猫鼬退出昆虫农场工作，要他们只做好自己的本职工作就行了。于是他们退出了团队，这完全在纳迪亚预料之中，另外两只新的志愿猫鼬即时加入并承担起了他们的任务。会有猫鼬退出——不过却没有猫鼬被累坏，这与某些头领认为会有猫鼬被累垮的预测相反。

马拉不断暗示自己可能永远也不会支持这整个项目。尽管如此，莫罗却不动声色地在幕后采取一些措施以阻止她为难昆虫农场的建设。不过，当一个邻近部落不止一次前来侵袭并在莫罗和马拉部落领土上捕猎时，她的确成功地把全部猫鼬都召集起来，并在昆虫农场最需要帮手之际几乎把全部猫鼬精力都转移开了。不过，正如纳迪亚预计的，有几只猫鼬志愿者不愿让昆虫农场的事耽搁下来而几乎不眠不休地在昆虫农场建设上出力。

部分志愿猫鼬的精力简直令人惊奇，除了做好本职工作之外，他们把自己能够挤出来的每一分钟时间都投入到昆虫农场建设中去。纳迪亚和尼古拉斯也毫不松懈。另有一位头领，不知出于什么原因，也开始像尼古拉斯一样行动起来。而莫罗则以其不动声色，而非以大张旗鼓或神气活现的方式，每天在百忙之中抽出时间来视察昆虫农场，哪怕只有短短几分钟时间，对这个微笑一下或对那个轻拍肩膀就会产生奇效。而莫罗到过昆虫农场视察的消息像卡拉哈里的最强风一般迅速传遍了整个部落。

当昆虫农场产出第一批食物时，这一速度着实快得令人咋舌，志愿者们邀请长老、头领以及部落里的所有猫鼬亲眼看一看这一异乎寻常项目所带来的成果。这一行动更加史无前例的方面在于，此前没有普通猫鼬邀请领导们参加任何活动。

虽然如此，很多领导的确到场了，其中包括莫罗，他早早便来到了现场。

即便是在其最粗具雏形的早期阶段，这一农场也令许多猫鼬感到震惊，而更多猫鼬则希望纳迪亚和阿约讲一讲他们在离开部落这段时间里还学到了些什么。而关于为部落做一些有意义的事情的谈论有增无减——尤其是当莫罗以及部分首领和头领开始把大机遇这种说法挂在嘴上的情况下。原来那种明显的小富既安的想法、那些因为觉得“我们现在过得去”而不愿有所行动的猫鼬数目则与日俱减。随着觉得自己要做一些有新意事情的紧迫感增加，原先只会导致无用结果的焦虑与恐惧似乎也平复下来。

要求全体都同意一项计划是没有道理的

“接下来做什么？”尼古拉斯问自己妹妹。

纳迪亚想了想，“我多么希望莱娜也在这里啊。”

尼古拉斯严厉地看了她一眼，说：“可她不在这里啊，因此，我再重复问一次，接下来我们该做什么？”

“也许该有一个志愿领导核心，像莱娜那里一样，来协助指导我们，像她画的圈图里最中心的一个圈。我觉得我们现在已经有了足够的兴趣与精力，有可能创建一个属于我们自己的核心。”

事实上，这个想法的确可行。一个由约十几只猫鼬构成的核心团队开始定期跟纳迪亚和尼古拉斯会面。当马拉听说这个情况后，她想阻止这种目无上级的活动，不过莫罗最终劝阻了她。这个核心团队开始选择要在哪些领域投入自己的精力。有了六七只情绪激昂猫鼬的支持，阿约带着他们寻找一种能够百分百覆盖整个部落范围的新保安理念。说起来容易做起来难，不过阿约和他的小队却毫不灰心，坚持不懈地推进他们的想法。有一只谁也不认为还有能力做什么工作的年长猫鼬志愿负起了领导应对沙暴计划的团队的职责。令大家觉得不可思议的是，在新激发出的热忱和周全的考虑下，他带领团队圆满完成了计划。随着志愿团队领导们向朋友及家人宣传他们的计划与开始计划的顺利进展，信任、干劲与紧迫感不断增长。

在领导圈子的第五次会议上，一只名叫帕诺的猫鼬带来了一片装填了草的毛皮。这块毛皮上装饰上了手、脚、头以及眼睛，这么说吧，它很……呃，可爱。

所有猫鼬的眼睛都盯着它。“你从哪里弄来

的这东西？”一只猫鼬问。

“我妹妹做的。”帕诺说，“我不知道是怎么做的，不过，她跟我讲的真正有意思的事情是这样的。她说，如果给生病或受伤的年轻猫鼬抱这玩意的话，他们好像会好转得更快，而且不需要那么多人花时间照看、喂食以及做其他需要为生病猫鼬做的事情。她说已多次见到这种情况出现了。”

他们都盯着这只毛茸玩具看。然后，有只猫鼬问：“如果这事属实，为什么我们都不知道这一点呢？”

帕诺耸了耸肩。

有只猫鼬说：“这真令人激动。我要跟你妹妹谈谈，如果我能找到几只愿意帮助的猫鼬的话，我会在更广范围内尝试一下。这样行吗？”

这个领导圈子讨论了一下这个奇怪的主意，

并不是所有猫鼬都马上认为这主意能行的，不过这个团队得到的一个教训就是，要求全体都同意一项计划是没有道理的。如果有猫鼬找到足够多的帮手推进一个主意，那么这个主意可能是比较有前景的，或至少它值得尝试。

而要求领导康复计划的猫鼬也不难找到几只希望推进这一计划的猫鼬帮忙。在不到一周的时间里，这个团队便想办法制作出六只毛茸玩具，尽管没有一只是完美的而且形态各不相同，不过都是让人很喜欢抱在怀里的可爱玩具。又两周过后，他们悄悄地在四只受伤及生病猫鼬身上测试新玩具的效果。在所有四个案例中，幼崽们不分白天黑夜都对这种新玩具爱不释手。除了一例外，其各例似乎都在更短时间里取得更好的康复效果，而且也减少了成年猫鼬的照料时间！整个团队热烈庆祝这一创新。

刚开始时，少数头领认为只有他们才有构想出充满智慧的新主意所需的经验与知识。不过他们发现，即便在经过年复一年地“照章办事”“只做自己分内的事”以及“这在我们这儿行不通”之后，大量创新想法与精力是来自某些意想不到的地方及不寻常的猫鼬团队，这些猫鼬团队成员

组织起来做的事情跟他们的本职工作不沾边。经过一段时间后，毫不出奇，在经历了一些起起落落后，各个新团队学会了如何以不同于以往的方式共同工作。他们发现了一些猫鼬个体或正常团队似乎无法形成或发现的主意，他们还找到了一些克服困难、应对阻挡变革的阻力以及将主意付诸实施的方法，这实在令人着迷。

他们新取得的许多成就看似既微小又相对容易实现，不过如果持续做下去，结果会积小成果为大成果。尽管进展速度低于纳迪亚预想，而冲突又超出她的预计，但一种新的行事方式在逐渐发展壮大。

领导圈子每周会面进行情况沟通、提出指导见解、相互启发并庆祝所取得的成果。圈子里最资深的两只猫鼬——尼古拉斯和另一位头领开始定期去见莫罗、马拉以及其他首领和头领，谈论已着手进行的各种计划。这种做法让仍然担忧秩序与纪律终会因此而松懈下来的马拉及两位头领稍稍松了一口气。而莫罗似乎也日益离不开一次次的会议，他不仅要确保这些会议有成效，更是以一名普遍意义上的领导身份参加。

莫罗与少数几位头领还把他们从中学到的知识应用到这些会议以外的场合中。他们开始密切关注那些志愿行动，以及那些在本职工作中不担任领导职务的猫鼬们。他们甚至还会偶尔到一位年轻猫鼬身边，说自己很为他或她在工作中取得的某些成绩骄傲，即便这种努力在最终结果中所起的作用微不足道。当看到这种做法所起的作用时，他们不禁感慨万千，为什么他们以前就不知道这么做呢？

除了在部落创建初期规模较小的时候，部落里从来没有见过这么多猫鼬对如此众多事情有过这种程度的激动、精力付出以及领导才能的展现。为了改善自己的以及整个部落的生活，他们在完成本职工作之余还做出额外奉献，不管出现哪种新情况，不管是因为气候还是天敌还是其他原因。而与此同时，那种认为纪律、承载着前人智慧的程序以及类似规则终将崩溃或与新活动不断发生冲突的担忧也被证明是夸大其词。这种情形即便存在，在去除了压在首领们头顶上不可理喻的压力以及紧张，以及管理部落的传统方式后，大家似乎在日复一日地确保做好保安、挖洞、喂食以及管理各家族方面的工作。当然，某些原来疲于奔命的首领和头领与其他猫鼬现在也不用像原来那么疲于奔命了——而且对生活也更满意了。

而原来从来没想过自己会做领导的十几只猫鼬则迅速成长为领导，尽管职责有大有小。对于大多数变化，他们是欢迎的，这里的原因同样难以解释。他们的生活似乎常常变得更有趣或更令人激动，而且对于相当数量的猫鼬，不管年长还是年少，他们感到自己的生活更有目标，更有意义了——甚至莫罗自己也可能有这样的感受。

昆虫农场的规模在持续扩大。这一计划的成功有助于抑制自满情绪，并在部落里塑造了一种更加有必要抓住更多机遇的认识。因为昆虫农场早已在莱娜的部落里取得了成功，因此志愿猫鼬们在形成管理政策与程序方面花的时间之少颇令大家感到意外。这个项目日益成为不断发展壮大部落之必不可少的一部分，因此，五个月后，志愿者们被要求将其移交给一个新任命的头领掌管，她现在正式接管了昆虫农场——以她自己的员工、计划、措施以及程序管理这个项目。统计显示，该专业项目仅以区区七只猫鼬便供应了全部落所需食物的百分之二十五。

长老们的认可

毛茸玩具方面的努力已发展成为一个获得正式批准的康复项目，这个项目把那些特别关爱受伤与患病猫鼬的伙伴聚拢到一起。随着时间的推移，他们发现，照看那些受伤的猫鼬需要专业技能，这一点得到类似“猫鼬科学”方面的证明。长老们决定创设一个新岗位——看护员，并指派了一个首席看护员，他在其中一个家族组织中工作，不过却服务于整个部落。当纳迪亚和尼古拉斯听到这个决定时，他们不禁欣喜若狂。

“这将会给患病和受伤的猫鼬带去莫大帮助，这是又一个证明，证明莱娜部落的理念与我们部落原有理念整合在一起这个想法是行得通的，证明这个想法并不纯粹是理想化的、不切实际的空想。”她满面春风地说。

尼古拉斯点了点头。他看着远处的一个地方，显然在暗自思忖。

“你有什么想法？”纳迪亚问。

“我永远也想象不到长老们，更不用说首领和头领们会认可这一新活动。”

“那么他们为什么就认可了呢？”纳迪亚问。

“我不能完全确定。”尼古拉斯回答说，“当然，有证据表明这一重大主意不是，正如你所说的，‘理想化的、不切实际的空想’，这帮了大忙。你讲的不在部落期间发生在你身上的事情——真的，这些教育了我们——起了大作用。这种纯粹的激动……热忱就像是一种良性疾病，从一只猫鼬传播到另一只猫鼬身上。我觉得我们头领们现在不那么怕失去控制了，也不那么担心我们做不好交给的新活。”他又顿了一顿。“而莫罗也真正站了出来，我一直对他敬重有加，不过他现在做的……”

纳迪亚几乎笑出声来。“你的意思是说，‘头领们被吓坏了’？你们表现得好像从来没有担惊害怕过似的。”

尼古拉斯笑了笑，笑容几乎难以觉察。“是的，这是工作上的需要。你必须始终表现得毫无畏惧。”

部落猫鼬数量在危机期间下降到一百二十只，而一年后部落猫鼬数量增加到二百只，而且这一数字还在继续增加——为未来而进行的创新以及日常运作都十分顺畅。尽管加入部落的漫游者中只有部分可以有根有据地猜测，不过有一些猫鼬从自己的漫游经历中准确地猜到了这个部落的确有些与众不同之处，这个部落融合了猫鼬管理与类似莱娜那种领导方法，这在整个猫鼬世界中是少见的。他们是拓荒者。

尽管还没有正式提上议事日程，不过大家普遍

预计，不是纳迪亚与尼古拉斯就是纳迪亚与新挖洞头领阿约将成为下一代猫鼬长老。纳迪亚暗自对这个想法感到极为开心，她看重的不是这个地位（好吧，也许有点看重地位的因素），而是她将有更大的权力进一步推动建设一个伟大的部落。

当这种说法开始在部落里传播开来时，因为这在漫游者中传播是不可避免的事，猫鼬们一开始觉得难以置信，然后是有点嫉妒，再然后是越来越钦佩。在部落规模不断膨胀而部落又能妥善应对卡拉哈里栖息地所要面对的各种新挑战的情况下，这种钦佩只会变得日益强烈。

这实在是神奇的一幕。

剧终。

（呃，差不多剧终了。）

写在故事之后

关于组织兴衰（以及再度崛起）的一些想法

除非你就是不喜欢读写给成年人的寓言故事——在这种情况下，如果您能强迫自己读过10页我们就会觉得是一件罕事了——您的思绪早已在想，这会让您联想到现实生活中的哪些实际体验了；您、您的雇主或您的学校可从中汲取哪些教训；就您的团队及您所在的组织如何实现亟须的结果，借用这种手法采取些什么行动改变自己的议程或跟其他人展开有意义的讨论；以及很可能的是，就许多实际问题，尤其是您还从未见证过其取得像样成功的问题。如果您有足够多的想法，或只是打算思考一下而已，那么您或许可以抛开本书了。那么就忘记本书的其他部分吧，直接去思考，然后就去行动。如果您的问题多过答案，或需要某些答案，而且喜欢阅读传统的商业或专业书籍，那么请继续读下去。

本书的前期读者们汇报称，我们的故事能够引发他们在多个跨度甚广的领域里展开思考：应对不断变化的环境，在组织规模不断发展的同时应对来自规模带来的复杂性挑战，甚至是在不同部门或代与代之间展开的合作，创设一种对新的、创新性理念持开放态度的氛围，打造持续学习型组织，应对不利环境，学习领导方法，并理解不同领导与管理层间的差异——仅举数例说明。不过，在本书收尾之际我们希望提醒您，希望您注意我们认为特别重要的事项，从而可以帮助您自己以及其他人在一个复杂世界里找到自己的方向，这是一个变化日益加速而且还面临着越来越多扰乱我们经营以及公私生活事项的复杂世界。我们坚定地认为，下面的这些要点是关乎当今组织兴盛、衰落以及可能再度兴盛的核心所在。

领导层与管理层

本书提及的许多事项中最基础的事项莫过于我们所谓“管理层”的本质，“领导层”的本质以及当二者完美履行时所得到的结果。

如果跟足够多的人聊，你会跟我们一样发现，许多关于管理与领导的答案之间存在冲突。这两个词通常可以互换使用，这意味着二者大体指同一种东西。事实上他们是不同的。

管理与领导是两种迥然不同的行动、流程以及行为。一份短短一页纸的追本溯源的强有力愿景可以让我们清晰明白我们需要在哪个方向上采取行动，这跟一份长达百页（或五百页大部头）翔实、思虑周全的操作计划完全不一样。一份经过缜密筹划的兼具包容性与通达性的流程表将有助于组建一个团队，在这个团队里每一个成员都渴望成为同路人并为共同目标出力，这跟一份包括预算、组织结构图、职责描述以及专注于对完成工作所需之适当“技能组合”的计划之间有着千差万别。

管 理	领 导
计划 预算 组织 人员配备 计量 解决问题 做我们熟悉该如何才能卓越完成的工作从而恒常地获得可靠、高效的结果。	确立方向 协同人员 动员 启迪 启发人们寻找机遇、克服困难并迅速灵活而又具有创新性地快速向一个蒸蒸日上的前景迈进。

启迪并鼓励人们、与他们的理智与情感形成共鸣以及注入克服难缠问题所需能量与对结果进行计量并依所获得计量结果加以奖惩有着极大区别。

人们反复告诉我们，所谓领导整个概念关乎的是层级：领导是长老们的事，而管理则是首领和头领们的职责。不过，就当今形势而言，难道说层级低得多的“大哥大姐们”不是在他们各自领域里提供卓越的、惠及全体的领导吗？再者，我们中又有谁在现实生活中没有遇到根本提供不了多少领导的长老们呢？同理，我们又多么频繁被告知，领导是只关乎大人物的事呢？即使我们明确知道这不可能完全正确，但在这样一个信息年复一年地被多次重复后，你认为这对我们会产生什么样的影响呢？

此外，有些人至少在过去几十年间反复声称，组织日益需要领导，而且领导是有益的，应该取代管理，管理则是存在内在的笨拙性、官僚性以及发号施令控制倾向的东西。不过，在规模与复杂性增加后如果管理再缺位会发生什么呢——就像莱娜的部落里所发生的一切那样？

管理与领导各自服务于不同的职能：前者能够出色、可靠并高效地完成常规工作，即使是在超级大型、复杂的系统里也是一样；而后者则能在即使面对困难也可激励人们快速创新并向繁荣的前景迈进，不管问题与机遇多么变化莫测。管理与领导并不是取得同一结果的两种不同途径。它们服务于不同的目标，二者都是在日新月异的环境中运作于复杂组织里不可或缺的机制。

在一个变化甚微的安稳世界的大型组织中，管理具有压倒性的重要性——而且，从某种意义上说，单单管理便已足够。在小型组织中，也许是要在一个明天可能随时会出现重大的挑战与机遇的世界里开拓一个新市场，在这里领导成了具有压倒性意义的关键事项。随便在其他什么地方，这包括今天我们这个星球上数万乃至数十万个组织，则二者都是必不可少的：因为它们的规模或复杂性（需要管理），还因为它们无法避开这些令人不可思议的技术及其他力量所造成的变化（需要领导）。

管理与领导并不像企业里的伙伴那样难以并存，虽说有时候事情的确如此。这不是一个因为二者有着天差地别而需要二选一的问题：例如，一个强调对大量人群的控制，另一个则是赋予该群体任何部分合理程度的自由与选择。在一个快速变化且时常有扰乱事项的世界中的一个具有一定规模的组织里，成功是否需要“此外还有”呢？如果没有“此外还有”的话，你难道最终不会陷入，或至少在部分程度上，陷入尼古拉斯和纳迪亚原来的部落或莱娜部落的困境呢？

而且为什么就不能是“此外还有”呢？为什么就不能有一个可以推进出色完成日常工作的层级结构那种控制加上由明晰方向愿景指引的网络结构所带来内部一定程度的自由度，这种自由度可激励人们革新、消除障碍、减少沮丧感并推动人们尽快迈向未来呢？需要是革新之母，我们猜想在接下来的几十年中我们将在这一方面收获许多新的见解。

下面这张表将把这些复杂结构、行为以及事项全面展现给您。

这张简单的图表值得仔细研究。

自高管、经理人以及员工，领导

创新性、适应性以及饱满精力 不过 却充斥着混乱	运作有序 且 创新性、适应性以及饱满精力
完蛋	运作有序 但 官僚化、均应快速改变

几乎所有组织都倾向于通过左上象限的运作而实现从无到有的崛起。那些快速崛起的组织在

不断发展壮大的过程中进入右上象限的可能性更高，即使停留在这个象限的时间不长。它们摆脱了扼杀变革的心态，即“我们知道该怎么做，我们的成功证明了这一做法的有效性”。不过，他们为了应对日益膨胀的规模、系统以及结构和政策而引进的各种因素实在可以轻松扼杀莱娜式方法，而莱娜式方法是创造出速度、灵活性以及创新的土壤。然后组织就会落入右下象限。那些没有面临较大竞争压力的组织通常会在该象限固化，变得自满、缺乏韧性、行动迟缓，战略上完全失去了灵活性。当这类组织在自己的世界里突然遭遇扰乱，在这种情况下，就好像表格自己向右移动了一般，而这类组织则进入了左下象限，在这里，这些组织可能面对未来变化应接不暇，因此实际上是完蛋了。

当今大多数成熟的组织似乎都处于右下象限

位置。在一个变化较迟缓的世界里，它们可以在某些方面出色履行自己的职能。不过，这类安乐窝式的世界正在消失，不仅是对我们的猫鼬朋友们是这样，在世界各地也是同样。

这一问题的解决方案是在于返回到左上象限里的领导推动型、快节奏、规矩少、没有老板及创新型世界吗？对一部分人来说，这是一个颇诱人的想法。不过，除非对一个非常小的组织而言，否则这种想法是不是有点太天真了呢？解决之道在于凭借右上象限所代表的领导加管理结构以及流程再度崛起，你要做的不是减少管理，而是引进大量领导工作。

另外一个解决方案便是持续对抗移出左上象限的压力。这是可以理解的，尤其是如果您是位卓越的领导 / 企业家的话。不过为什么结果就不能始终像莱娜面临的情形呢？

创造一个兼具两个世界卓越之处的组织

我们刚才了解了何谓进入并停留在我们领导/管理模型的右上象限。许多人出于直觉也在进行这样的尝试。在成熟的组织里，他们在远比过去更广泛的人群中展开领导力开发教育，而且他们确保这是领导力的教育而不仅是管理教育。他们加入了新的网络型群体（不只是传统的部门间任务小组），更有力更有创意地推进他们的管理系统。与过去相比，他们试图让工作团队更深入地介入到工作中去。他们更多地谈论着领导，公开尝试培养领导者。撰写本书之际，如果您的组织是一个成熟的且处在右下象限中的某个位置上的机构，我们不知道怎样才是移动进图表右上象限的理想方法。不过我们知道有一个方法行得通，那就是我们的猫鼬朋友们的做法。

该流程如下图所示。这创造出了一种如纳迪亚在沙地上所画的双重结构，并赋予其较高程度的管理与领导属性。

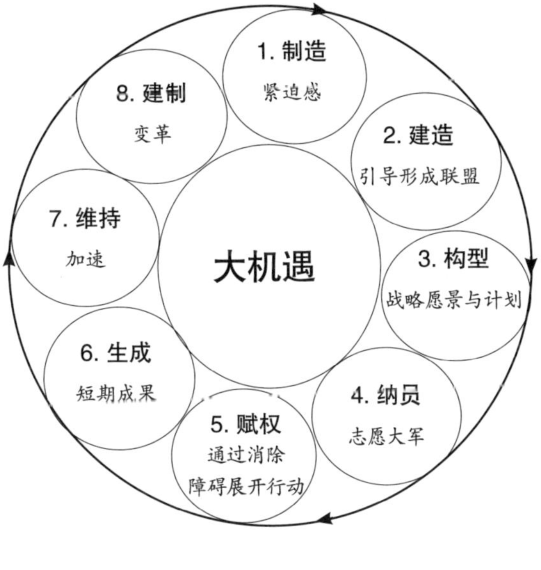

该流程有助于那些已经走过了初创阶段的组

织在规模与复杂性日益增加的情况下解决效率与可靠性问题，满足眼下的即时需要，同时应对一个对速度、灵活性以及创新性有着更高要求的快速变更的世界。

双层系统还有着其他重要的附加好处，这一点我们至今仍然在继续探索中。比如，在当今世界中的人才争夺战中，这一系统可以吸引并留住喜欢在职业生涯早期接受比较宽泛（也更有意义的）任务的才能卓越的年轻人。

下面是其运作机制：

1. 该流程以围绕着一个明确的重大机遇或多个机遇在一个大的群体中制造出高度紧迫感开始。自满情绪被抑制下去，由焦虑引发的虚假的紧迫感也被抑制下去，热忱、激动以及情感投入得到激发。在数量不断增加的团队成员的帮助下，尤其是在来自莫罗的帮助下，纳迪亚与尼古拉斯正是这样做的，通过不断地将激动人心的机遇传播出去，通过教育，通过热忱，以及通过提供证据，表明探索新可能性是可行的。这跟我们在真正组织中的发现如出一辙。

2. 在伴随着机遇出现的真实紧迫感剧增的情况下，一个打破团队边界与层次的多元团队得以组建，那些非常渴望在新的网络状系统中发挥指导与领导作用的人通常愿意同时承担两份职责：他们公司职级中的正常任务与领导 / 创新网络中的第二份任务。同样，想一想在初创公司里，有老人有年轻人、有工程师与销售人员，各种类型的人员在一起工作、争论并以在大型公司官僚系统所无法想象的速度推进。在现实世界中，我们看到像莫罗这样的人挑选一个团队或批准某人对人员的选择，通常是从一个对担负起“额外工作”

有较高热情的较大志愿者团队中进行人员挑选。

3. 这个有点像指导联盟的团队会像所有伟大的具有进取精神的早期组织一样行动。它会制订计划，利用当前机遇推动自己前进。在选择计划时它会听取各方面的意见，包括来自长老与首领、头领的意见，在能够说服手握大权的莫罗们该理念具有潜在价值之前，它极少真正推行任何计划。

4. 有就计划进行不间断的沟通，有了高度紧迫感就会吸引足够多的志愿者加入。比如说，在条件合适的情况下，在一个有着五千员工组织里，区区百分之五人员的团队能够在短短几个月里取得的成就就足以令人惊叹。这一点我们已反复见证过。

5. 人们成就的大多数事情通常较少属于发明全新的理念，更多的情况是发现早已由他人发明却几乎无人问津的理念（像我们这里有助于病人康复的猫鼬毛绒抱抱玩具），或采纳一些实施起来面临重重困难的理念并在实际实施过程中排除这些障碍。

6. 成功——如果得以成功、传播并庆祝——会创造出变革并生成动力。通常来说，我们发现，“成功”越多，即使是小的成功，成功来得越早，越有成效地传播开来，则会带动取得更多、更大的成功。

7. 在有了足够多成功的情况下，后续的精力就要专注于不让这种紧迫感松懈下来，挑选新的具有战略重要性的计划，并将所有流程永续执行下去。

8. 到了某个时间点，大的成功就会在层级结构中被固化下来，正如猫鼬的昆虫农场成为一个新的农作职能部门，有自己的老板与员工。在取得实质性成果后，志愿者们就希望把项目移交给其他人，而长老们则希望这些项目能够在层级中得到延续以确保可靠性与效率。

书中许多理念是由我们中的一员——科特在多年前发现的。不过在当今瞬息万变的世界中，这个基本方法已在三个特别重要的方面得到发展与演进。首先，这不再是您每五年、十年或十五年从文件柜中抽出并可以直接实施的一套流程。在一个变化一日千里的世界中，而且这种变化速度还在不断加快中，流程一旦启动就需要持续运行下去。其次，需要的人员数量比以往要多得多，不仅是在实施高层管理层愿景中的合作，还在于发现理念、应对所有阻碍变革的体制与观念障碍，以及动员各大团队以新方式行动——换言之，在领导工作中出一份力。再者，要使前两点切实可行，还需要一个与传统管理驱动型的层级结构紧密配合的第二成分，一种更为类似于那些极为成功的初创组织里的成分。上述流程正是为此而生，虽说成熟组织有扼杀或边缘化所有看上去比较平等、更具流动性、创新性以及快速创业结构之事物的内在倾向性。

不过，如何才能切实可行地创造，换言之，兼收两个世界之优点（其中一个具有可靠性与高效率，另一个则具有灵活性、速度以及创新性）？首先，最重要的是流程，如上文所述的流程可从阻力源头上克服管理层级所天然具有的扼杀或限制发展及创业、领导驱动型网络应用的内在倾向性。该程序能够消除“那不是我们这里的行事方式”这一根深蒂固、难以动摇的思维定式。大量人群中围绕着真正机遇而产生的紧迫感，不仅是智力上可见，而且在情感上可感，是问题的关键所在。教育可以起作用，尤其是在首领、头领和长老层面上。不过展示其他系统可行性及效力的成就在这里能起根本性作用；单单由言语所激发的行动总归有限，尤其是在应对新的不确定的事物时。这便是发生在我们的猫鼬世界里的事情，而我们最近也在自己的人类世界中一再看到这种事情发生。

如果您跟我们中的绝大多数相似，您的生命是在右下象限组织中度过的，则您或许有几十个问题要问，而这需要几百页来回答。这显然将抹杀小册子的长处。话虽如此，我们真的可以向您提供两项资源：一本名为《加速》（科特撰写）的传统形式专业图书和科特国际网站上提供的海量资料。

关于如何深入了解这些理念，我们还有一个建议。切勿把本书放进您的书架里。将本书在部门内部或公司里传阅，然后以本书内容为基础展开讨论。本书草稿的读者们在预定会议（年度战略规划会议）召开前或特别会议（十人小组共进一个时间较长的午餐）前曾传阅过本书的一本草稿。讨论似乎就那么自然而然地展开了，一开始是评论我们的猫鼬故事，接着便蔓延到他们所在的组织本身了。我们的组织处在二乘二图表中的什么位置？为什么会在这个位置？这会有什么后果？有什么具体挑战我们没有应对好，或因为我们的运作方式而错过什么机遇吗？我们是否尝试过变革？哪些方法已经产生了效果，又有哪些方法无效呢？我们的最大机遇有哪些……诸如此类。

一直以来我们都经受着控制、项目许可、特别行动组、老板—下属结构、标准等理念的狂轰滥炸，而且这类理念往往贯穿我们的整个职业生涯。在这类情形中，我们天然地惧怕“扔掉”我们熟知的东西。不过，这并不是我们这里要应对的。

这是加法而非减法。在新的更频繁出现的战略挑战面前，向这种天生的恐惧让步对我们的事业毫无助益。

有了伴随着机遇而出现的日益增加的紧迫感、来自上层指示与支持、因为计划成功而日益壮大的动力，以及两种截然不同系统运作方式的亲密无间的配合，我们就有可能取得猫鼬们所取得的那种成功。我们已经无数次见证过发生在身边的成功事例。

确实如此，这一切真的会让人感到不可思议。

关于作者

约翰·科特是一位屡获大奖的哈佛商学院领导学名誉教授，《纽约时报》畅销书作者，著名商业理念倡导者，同时还是设于西雅图和波士顿的科特国际的联合创始人。

霍尔格·拉特格伯是一家全球性医用产品企业的前高管，与科特合著了畅销全球的《冰山在融化》，还是科特国际的一位主要合伙人。

科特国际是一家新型咨询公司，它会以远超组织领导认为可能的速度达成战略、可持续性目标，全面释放组织的能量。它还能够帮助领导者们建立快速、灵活同时具有可靠性与高效率的可持续性组织。如果您喜欢本书，我们希望您访问我们的网站 www.kotterinterinational.com。